会社別就活ハンドブックシリーズ

2025

りそなグループの
就活ハンドブック

就職活動研究会 編
JOB HUNTING BOOK

は じ め に

　2021年春の採用から，1953年以来続いてきた，経団連（日本経済団体連合会）の加盟企業を中心にした「就活に関するさまざまな規定事項」の規定が，事実上廃止されました。それまで卒業・修了年度に入る直前の3月以降になり，面接などの選考は6月であったものが，学生と企業の双方が活動を本格化させる時期が大幅にはやまることになりました。この動きは2022年春そして2023年春へと続いております。

　また新型コロナウイルス感染者の増加を受け，新卒採用の活動に対してオンラインによる説明会や選考を導入した企業が急速に増加しました。採用環境が大きく変化したことにより，どのような場面でも対応できる柔軟性，また非接触による仕事の増加により，傾聴力というものが新たに求められるようになりました。

　『会社別就職ハンドブックシリーズ』は，いわゆる「就活生向け人気企業ランキング」を中心に，当社が独自にセレクトした上場している一流・優良企業の就活対策本です。面接で聞かれた質問にはじまり，業界の最新情報，さらには上場企業の株主向け公開情報である有価証券報告書の分析など，企業の多角的な判断・研究材料をふんだんに盛り込みました。加えて，地方の優良といわれている企業もラインナップしています。

　思い込みや憧れだけをもってやみくもに受けるのではなく，必要な情報を収集し，冷静に対象企業を分析し，エントリーシート作成やそれに続く面接試験に臨んでいただければと思います。本書が，その一助となれば幸いです。

　この本を手に取られた方が，志望企業の内定を得て，輝かしい社会人生活のスタートを切っていただけるよう，心より祈念いたします。

就職活動研究会

Contents

第1章

りそなグループの会社概況

会社によって選考方法は千差万別。面接で問われる内容や採用スケジュールもバラバラだ。採用試験ひとつとってみても，その会社の社風が表れていると言っていいだろう。ここでは募集要項や面接内容について過去の事例を収録している。

また，志望する会社を数字の面からも多角的に研究することを心がけたい。

✔ トップメッセージ

平素より格別のご高配を賜り厚く御礼申し上げます。

2023年3月期は、「レゾナンス・モデルの確立 (Resonance:「共鳴」)」を基本方針とする中期経営計画の最終年度でしたが、既存ビジネスの深堀と新たな挑戦、そして基盤の再構築という3つの柱については、一定の成果をお示しできたものと考えています。一方で、時代の転換点を迎えるなか、収益力の増強やリスクガバナンスのさらなる強化が必要であると認識しております。

りそなグループは、本年、「りそなショック」から20年の節目を迎えました。この間、お客さまや株主の皆さま、地域社会の方々からの多大なるご支援を頂き、今日のりそなグループがあります。

こうしたなか、「感謝と決意」をもって、本年5月、グループのパーパスと長期ビジョンを制定し、グループの理念体系を再整理しています。「金融＋で、未来をプラスに。」というパーパスには、多様化・高度化するお客さまや社会のニーズに寄り添い、金融の枠にとどまらない発想で未来をプラスに変えていきたいという強い想いが込められています。りそなグループは、「りそな改革」のスタートから20年を経て、新たな中期経営計画とともに、名実ともに「再生」のステージから、「リテールNo.1」の実現に向けた新たな挑戦に踏み出します。

そして、変化の時代に、お客さまへ新しい価値を提供し続けるために、これまでのビジネス構造・経営基盤の次世代化に向けて、グループの構造改革 (CX:コーポレート・トランスフォーメーション) に取り組んでまいります。

これからも、「お客さまの喜びがりそなの喜び」という基本姿勢を貫き、「りそな再生」の成功体験を乗り越え、グループ一丸となって企業価値の最大化に取り組んでまいります。今後とも一層のご支援ご鞭撻を賜りますようお願い申し上げます。

2023年5月
取締役兼代表執行役社長 南 昌宏

✔ 会社データ

所在地	東京本社 東京都江東区木場1丁目5番65号 深川ギャザリア W2棟 大阪本社 大阪市中央区備後町2丁目2番1号
代表者	取締役兼代表執行役社長兼グループCEO 南 昌宏 (みなみ まさひろ)
資本金	505億円(2023年3月末現在)
株主 (持株比率)	株式会社りそなホールディングス (100%)
設立日	2001年(平成13年)12月12日
従業員数	1,554人(2023年3月末現在) なお、当社および連結子会社の従業員数は、19,283人です(海外の現地採用者を含み、嘱託及び臨時従業員を含んでおりません)。

✔ 先輩社員の声

お客様のために
一歩も二歩も踏み込んでいく。

【コンサルティング営業】
りそなの法人営業とは

「りそな」は地域に根ざして数多くの企業に寄り添っており、中小企業を中心に全国約68,000社もの企業とメインバンクとして取引をしています。その中で、法人営業はそれぞれの企業と「りそな」の多様な金融サービスをつなぐ重要な接点です。昨今、グローバリゼーションや国内の少子高齢化による競争環境激化に伴い、各社が直面する経営課題を解決していくことはより重要になっています。そのような中、企業とともに歩み、企業の存続はもちろんのこと、さらなる発展をアシストしていくのが私たちの存在意義です。私たちが提供するのは資金の融通のみならず、事業承継や企業年金、不動産活用、決済手段の多様化、DXの推進、M&A、ビジネスマッチング、人事制度構築、海外進出など多様なソリューション。一人ひとりの営業担当が、5年先・10年先の未来を見据えた提案を行うのが「りそな」の法人営業と言えます。

現在の仕事

現在担当する都心部のエリアでは、中小・零細企業から東証一部上場企業まで多様な企業が事業を営んでいます。その中で私は、新規・既存の取引先を合わせて約70社を担当し、日々の提案活動に取り組んでいます。そこで私が大切にしているのは、課題に対してどこまで真剣に向き合い、答えを生み出していけるか。誤解を恐れずに言えば、窓口となってお客さまとそれなりの関係性を構築していくことは難しくはありません。しかし、世の中に数多くの「金融機関の法人営業担当者」がいる中で、私たちはそこに留まっていてはいけないと思います。「お客さまの喜びがりそなの喜び」、その使命のもと、お客さまのために顕在化している課題はもちろん、潜在的な課題に対しても自らの業務知識や経験を基盤に、一歩も二歩も踏み込み、答えを提示していくことが必要です。お客さまの発展を下支えする先に生まれる本物の信頼関係を築いていくこと。それが「りそな」の法人営業の醍醐味・奥深さであると同時に、自分自身を磨き、より高度な提案を行う原動力になっています。

街の未来をカタチづくる不動産，その価値を真に捉える プロフェッショナルとして。

【不動産営業】
りそなの法人営業とは

多くの銀行がグループ会社を通じて不動産関連ビジネスを展開していますが、実は商業銀行で不動産そのものを直接業務として担えるのはりそなだけ。不動産仲介や利活用、アセットマネジメントコンサルティングなど幅広い不動産業務について各支店と本部が緊密に連携したうえで提供できるのは、他と一線を画する明確な強みだと考えています。銀行がなぜ不動産をと思うかもしれませんが、お客さまの資産をどのように残し、増やしていくかを考えたとき、資産の形にかかわらず不動産も含めた多様な観点から提案活動を行えるからこそ、本当にお客さまの悩みに寄り添い、未来をともにつくっていける存在になれるのだと私は思っています。

現在の仕事

不動産鑑定士の資格を有する私は、土地や建物の価値を求める鑑定評価業務を担当しています。不動産売買時はもちろん、決算や戦略検討、新規事業実行など鑑定評価が活用される場面はさまざまです。不動産と一言で言っても、住宅やマンション、店舗、工場、農地など種類も価値も多様。また、所有者と使用者の権利が複雑な場合もあり、一つとして同じものはないと言えます。そこで私は、鑑定にあたり土地や建物の現況、条件精査は当然のこと、その地域や土地の歴史や文化、周辺で暮らす人々の暮らしまで、多様な側面を見定め、価値をしっかりと判定することを心がけています。今、不動産は個人はもちろん企業にとっても重要なエレメントになっています。日本企業が有する不動産は500兆円規模で、欧米企業と比較すると約2～3倍とも言われます。これを有効かつ効率的に活用することは日本企業の競争力向上へ欠かすことができないものであり、CRE（企業不動産）戦略策定においても私の鑑定が基盤となってきます。不動産の利活用によって、企業の新たな挑戦が、新たな歴史が紡がれ、未来は形づくられていく。そこに携わるプロフェッショナルとしててこれからも私は一つひとつの不動産と向き合っていきたいと思います。

今後の目標

CRE戦略の推進は日本においてこれからますます重要性を増していくと思います。そのときに重要なのは未来を見据える視点。世界がどのように動き、日本はどのように変化していくのか。そしてその中でなにが重要になっていくのか。そのような俯瞰した視点で捉えていくことが欠かせません。今、現存している不動産は世界経済、日本経済における一つの事象の現われとも捉えることができ、突き詰めていけば本当に奥の深い世界が広がっています。私自身まだまだだと感じることばかりですが、これからのプロフェッショナルとしてその深奥に歩んでいきたいと思っています。また、りそなの専門職である不動産部門では私のように産休・育休などのライフイベントを経た後も活躍している方がまだまだ多くありません。だからこそ、この道のプロフェッショナルを志す後輩にロールモデルとなる姿を見せていきたいと思います。

✔ 募集要項

掲載している情報は過去ものです。
最新の情報は各企業のHP等を確認してください。

募集要件	2021年4月〜2024年3月に四年制大学以上を卒業・卒業見込の方 ・ソリューションコース ・デジタルトランスフォーメーション（DX）コース ・IT企画コース ・データサイエンス・クオンツコース ・アセットマネジメントコース ・マーケットコース ・アクチュアリーコース ・不動産ビジネスコース 2021年4月〜2024年3月に四年制大学以上または短大、専門学校を卒業・卒業見込の方 ・サービスコース
初任給	（2024年4月予定） 大学院卒：280,000円 四年制大学：255,000円 短大・専門学校卒：225,000円
賞与	年2回（6月、12月）
募集学部	全学部全学科
入社先・就業の場所	株式会社りそな銀行　本支店 株式会社埼玉りそな銀行　本支店
始業・就業の時刻、休憩時間、所定勤務時間外労働の有無に関する事項	・午前8時40分〜午後5時25分（休憩1時間） ・所定勤務時間外労働：有
休日	年間122日（原則：土曜日、日曜日、祝日、年末年始）
休暇	有給休暇（初年度16日、2年目以降20日）、連続休暇（5営業日）、半日休暇、配偶者出産休暇等
通勤交通費	全額支給（通勤交通費支給規程による）
保険加入状況	健康保険、厚生年金保険、雇用保険、労働者災害補償保険等
受動喫煙対策	屋内禁煙、就業時間内禁煙

✔ 採用の流れ （出典：東洋経済新報社『就職四季報』）

エントリーの時期	【総】3月～
採用プロセス	【総】ES提出・適正検査（3月～）→面接（3～5回，6月上旬～）→内々定（6月上旬～）

採用実績数					

	大卒男	大卒女	修士男	修士女
2022年	184 （文：170 理：14）	136 （文：127 理：9）	8 （文：2 理：6）	4 （文：2 理：2）
2023年	203 （文：182 理：21）	155 （文：147 理：8）	16 （文：3 理：13）	5 （文：4 理：1）

※2024年：545名採用予定

✔2023年の重要ニュース (出典:日本経済新聞)

■りそな銀行など、新デビットカード発行へ　一律2%還元 (3/29)

りそなグループのりそな銀行と埼玉りそな銀行、関西みらい銀行は29日、利用額の一律2%をポイント還元する新たなデビットカードを提供すると発表した。4月3日から取り扱う。他のキャッシュレス決済手段に比べて還元率が低いデビットカードのデメリット解消を狙う。

新カードは「りそなデビットカード　プレミアム」。月額700円の会費を支払えば、利用日や利用額などの条件なく、りそなクラブポイントなどで2%還元を受けられる。

デビットカードはその場で銀行口座から引き落とされるため利用状況が把握しやすい。使いすぎが防げるなどの理由で若年層を中心にデビットを選ぶ人も増えている。りそなグループでは新たなに口座を開いた人にデビット機能を標準装備で提供しており、合計発行枚数は22年に300万枚を超えた。

ただ、スマートフォン決済やクレジットカードなどに比べてポイントがたまりにくいのが難点。一般的に1%未満で、高還元率でも条件付きのケースが多い。従来のりそなデビットカードも無料で入れる代わりに還元率は0.5%だった。

■りそなの新中計、資本活用でM&A　地銀との連携検討 (5/29)

りそなホールディングスの南昌宏社長は日本経済新聞のインタビューで、2023年度に始まった中期経営計画の期間中に「幅広い分野で資本の活用を考えたい」と語った。具体的には地域金融機関との資本提携、銀行と親和性が高いビジネスの買収や出資を挙げた。これまで蓄えてきた資本を有効活用し、M&A（合併・買収）など積極投資に踏み出す構えだ。

03年5月に実質国有化が決まったりそなには、ピーク時に3兆1280億円の公的資金が入っていた。15年6月に完済したが財務基盤には課題があり、利益を積み上げて資本の水準を高めてきた。財務の健全性を示す普通株式等Tier1（CET1）比率は23年3月末に目標だった10%程度を確保し、これからは資本の使い道を問われることになる。

公的資金が入って20年の節目に、攻めの姿勢をにじませる3カ年の中計が始まったことに「巡り合わせを感じる」と話す南氏。具体的なM&Aの候補には「地域金融機関との資本を絡めた連携」を挙げた。

これまでりそなは独自に開発したスマートフォンのアプリや、顧客がまとまった資金の運用を一任するファンドラップを地方銀行に提供して緩やかなつながりを求めてきた。今後は顧客基盤の拡大を見据えていると言い、地銀との資本提携にも意欲を示した。リースや証券など銀行の機能を補完するビジネスの強化も視野に入れている。

「貯蓄から資産形成へ」の流れが強まるなか、投資に不慣れな若年層をいかに招き寄せるかも課題となる。3月末時点で765万件のダウンロード数をほこるバンキングアプリに新たな機能を加え、現状で約20万人にとどまる積み立て投信の利用者を「3年間の通過点として100万人まで増やしたい」と強調した。

■「万博投信」りそなが販売へ　機運醸成・資産形成後押し（6/22）

りそなホールディングス（HD）傘下の4行は22日、2025年国際博覧会（大阪・関西万博）のテーマに関連する銘柄で構成するアクティブ型のESG（環境・社会・企業統治）投資信託を販売すると発表した。大阪・関西万博に関連した投信は国内で初めてで、機運醸成や個人の資産形成などを後押ししたい考えだ。

投信の名称は「グローバル・ライフ株式ファンド」で、大和アセットマネジメントが運用する。りそな銀行と埼玉りそな銀行、関西みらい銀行、みなと銀行で26日から販売を始める。

万博のテーマ「いのち輝く未来社会のデザイン」に沿う形で、水素を製造する仏ガス大手のエア・リキードや、スマート農業を推進するクボタなど社会課題の解決を目指す企業約50〜80銘柄を組み入れる。りそな銀ライフデザインサポート部の松村美智子グループリーダーは「長期的な資産形成のために購入してもらいたい」と説明。万博の終了後も取り扱う。

りそな銀は万博関連の知的財産を管理する事業者と契約を結んでおり、万博の会期終了まで投信の販売資料などに万博のロゴや公式キャラクターの「ミャクミャク」を使うことができる。知財の使用料は万博の運営費に充てられる。りそな銀の松村氏は「万博の応援にもつなげたい」と訴える。

✔2022年の重要ニュース（出典：日本経済新聞）

■りそな、代理人機能付く定期預金（1/26）

りそなホールディングス（HD）のりそな銀行、埼玉りそな銀行、関西みらい銀行は26日、預金者が認知症などになった際に代理人機能がつく定期預金を2月8日から始めると発表した。本人以外が銀行口座から入院費など使途を限定して引き出せる。こうした仕組みは定期預金では国内初。高齢者やその家族が安心して財産を管理できるようにする。

名称は「頼れる安心特約付き定期預金」。あらかじめ定期預金に特約を付けておくことで、預金者が認知症になったり介護が必要になったりした際に信託契約に切り替えられる。従来は、あらかじめ信託契約を結ぶ必要があったが、「信託契約よりもハードルが低い定期預金でできるようにした」（りそなHD）。

資金使途は預金者本人の医療費や介護費などに限定されており、目的外には使えない。定期預金の申込金額は500万～3000万円で、契約時に3万3000円か、月550円がかかる。信託契約に切り替わると月額4950円などがかかる。

■りそな、中小企業のDX支援で新会社（2/1）

りそなホールディングス（HD）は1日、中小企業のデジタル変革「デジタルトランスフォーメーション（DX）」を支援する新会社を4月に設立すると発表した。システムやコンサルタント会社など5社と共同出資する。DXの導入支援企業を紹介するほか、導入後も効果的な使い方を指南する。新型コロナウイルス禍で急速に高まる中小企業のDX需要に対応する。

新会社「りそなデジタルハブ」は、りそなHDが85％、システム会社のAGSや中小企業の経営支援を手掛けるみらいコンサルティングなど5社が3％ずつ出資する。顧客情報管理のセールスフォース・ジャパンとも業務運営で協力する。

新会社ではまず、名刺管理ソフトのSansan（サンサン）やクラウド型会計ソフトのfreee（フリー）など20社と提携。新会社は販売代理店として、希望する中小企業に対して導入を支援する。

中小企業がこうしたサービスを導入する際、導入当初は効果的に使えていても、担当者の異動などでノウハウが途切れていまうケースがあるという。新会社では導入後のフォローに力を入れ、中小企業のDXを支援する。

■りそなグループ、万博協会に寄付　累計8千万円超に（6/20）

　りそなホールディングス（HD）傘下のりそな銀行など4行は20日までに、2025年国際博覧会（大阪・関西万博）の運営主体「日本国際博覧会協会」に計1712万円を寄付した。協会への寄付は6回目で、累計は8925万円にのぼった。

　りそなグループは19年からSDGs（持続可能な開発目標）関連の私募債を発行する企業から受け取る手数料の一部を活用し、協会への寄付を続けている。りそな銀の岡橋達哉副社長は「機運の醸成につなげて万博を成功させたい」と話した。

■りそな、農業教育に参入　地方創生で新会社（6/30）

　りそなホールディングスは7月1日に農業教育など地方創生に関する事業を手がける子会社を設立する。まず農作物を栽培する過程をデジタルで体験できるアプリをつくる。幼稚園や保育園事業者の利用を想定する。地域の子供に農業に関心を持ってもらい、少子高齢化で担い手不足が深刻な農業の活性化に貢献する狙いがある。

　新会社の名前は「ロコドア」。千葉大学と協力して大学内に専用の営農施設を設置する。8月中にアプリの実証をはじめ、年内にも地域の幼稚園などに通う子供が実際の収穫体験までできるようにする計画だ。創業後5年間の累計で売上高数十億円をめざす。

　銀行に本業以外の業務を認める「他業銀行業高度化等会社」の認可を金融庁から取得した。2021年の銀行法改正で地方創生などのさまざまな事業を手がけられるよう基準が緩和された。

✔2021年の重要ニュース (出典：日本経済新聞)

■りそな 18% 減益、前期、与信費用増が重荷（5/11）

　りそなホールディングスが 11 日発表した 2021 年 3 月期の連結純利益は前の期比 18% 減の 1244 億円だった。新型コロナウイルス禍の長期化を見すえ、融資先の経営悪化に備えた与信費用を予防的に積み増したことが響いた。投資信託やファンドラップの販売は好調だったが補えなかった。

　本業のもうけを示す実質業務純益は同 7% 減の 2240 億円だった。経費は人件費や物件費の削減で改善したが、前の期から約 2.5 倍の 574 億円となった与信費用が重荷となった。22 年 3 月期の与信費用は 440 億円に減る見通しで、連結純利益は 16% 増の 1450 億円を見込む。

■りそな、ESG 投融資 10 兆円　中小企業に変化促す（6/2）

　りそなホールディングスは 2030 年度までに中堅・中小企業向けの ESG（環境・社会・企業統治）型の投融資に 10 兆円を投じる。環境規制などへの対応を促すほか、脱炭素に向けた取り組みを金融面で支える「トランジション・ファイナンス」などを念頭におく。50 年までに温暖化ガス排出量を実質ゼロにする政府目標を踏まえ、中堅・中小企業の変化を後押しする。

　南昌宏社長が日本経済新聞のインタビューで明らかにした。南社長は「（環境対応は）時間軸としては大企業が素早く動いているが、必ず中堅・中小企業にも波及する」と指摘。大企業が環境対応を強めれば調達方法も変わるため、取引先である中堅・中小も対応を迫られるとの認識を示した。「大きな変化のなかで中堅・中小企業が成長軌道に乗れるかが日本経済に大きな意味を持つ」と語った。

　ESG 投融資はトランジション・ファイナンスや温暖化対策などを融資条件に連動させる「サステナビリティ・リンク・ローン」の提供などを念頭におく。ただ「脱炭素といった大きな方向感があっても、時間軸や波及経路はまだ不透明」だとして、「予測と準備を怠らずに深い対話をしながら次の一手をとりにいく」とも述べた。

　環境・社会型の投融資では 3 メガバンクも「サステナブル・ファイナンス」として 30 年度までに 25 兆〜 35 兆円を投融資する目標を掲げている。

　デジタル戦略では異業種との連携にも意欲を示した。南社長は「顧客のニーズが多様化・複雑化しており、銀行のノウハウだけでは対応できなくなっている」としたうえで「オープンな形で連携することで新たなエコシステム（生態系）を築きたい」と語った。

りそなは昨年6月に提携しためぶきフィナンシャルグループにスマホアプリを提供したほか、4月には横浜銀行へのファンドラップのシステムの提供を始めた。今後の提携先については「あらゆる業種」と述べ、幅広く異業種と連携する考えを示した。

■女性管理職4割以上に　30年度にグループ6社で（6/22）

りそなホールディングス（HD）は22日、2030年度までにグループ6社で課長級以上の女性管理職の比率を4割以上にすると発表した。現在は比率の高いグループ企業でも3割程度で、さらに引き上げる。多様性のある人材登用でサービス向上やイノベーションの促進をめざす。

りそなHDのほか、りそな銀行、埼玉りそな銀行、関西みらいフィナンシャルグループ、関西みらい銀行、みなと銀行の6社で目標に掲げる。りそなHDは女性役員比率を3割以上にするほか、グループ6社で支店長や本部の部長などについても2割以上にする。いずれも現状水準から1割以上引き上げる目標となる。

メガバンクなど他の大手行は女性管理職比率を2割程度としており、りそなHDはより踏み込んで多様性を進める。

■りそなのネット振込手数料、3メガより安く（7/20）

りそなホールディングスは11月1日から他行あての振込手数料を引き下げる。10月から銀行間送金の共通インフラ手数料が引き下がるのに合わせた措置だが、そもそも手数料の差を3万円で線引きする「3万円の壁」を撤廃していた。3万円以上送金する場合、インターネットバンキングなら3メガバンクより安い手数料になる。

今回の改定は個人向けのインターネットバンキングで55円下げて165円、法人向けでも同額下げて605円とする。対象はりそな銀行、埼玉りそな銀行、関西みらい銀行の傘下3行。みなと銀行はまだシステム統合されておらず、別途対応する。

3メガバンクは新料金体系でも3万円以上と3万円未満で料金体系に差をつけている。この結果、もともと壁をつくっていないりそなのネットバンクで3万円以上送金する場合、3メガよりも安い価格で利用できる。支店の窓口では110円下げて770円にする。ATMで現金を送る際の手数料は660円と据え置き、運営コストの安いネットバンクの利用を促す。

✔ 就活生情報

面接は練習と準備が大切。話す時は結論から話して，その後に理由や具体的に話しましょう

カスタマーフィールド 2020卒

エントリーシート
・形式：採用ホームページから記入
・内容：志望動機／1番になったこと，その内容

セミナー
・選考とは無関係
・服装：リクルートスーツ

筆記試験
・形式：SPI(テストセンター)

面接（個人・集団）
・雰囲気：和やか
・回数：回

内定
・通知方法：電話
・タイミング：予定より早い

● その他受験者からのアドバイス
・4月にesを出してから6月の面接まで時間が空く。面接も面談であった

銀行業は，それぞれの業務独特の価値観や強みが必ずある。それらの理解を深めるために，説明会やセミナーに何度も足を運ぶと良い

ソリューションフィールド 2020卒

エントリーシート

・形式：採用ホームページから記入
・内容：志望理由／ゼミ・研究内容について／課外活動について／アルバイトについて／私の誇れる実績

セミナー

・選考とは無関係
・服装：リクルートスーツ
・内容：仕事内容などを理解するものから，社員との座談会まで様々

筆記試験

・形式：Webテスト
・科目：SPI(数学，算数／国語，漢字)

面接（個人・集団）

・雰囲気：和やか
・回数：4回
・質問内容：自己紹介／志望動機／趣味／学校で学んでいること／キャリアプラン

内定

・タイミング：予定より早い

▶ その他受験者からのアドバイス

・銀行業は業務内容が似ているが，それぞれの企業独特の価値観や強みが必ずある。それらの理解を深めるために説明会やセミナーに何度も足を運ぶと良い

りそなについては，志望度が高い人は，絶対にインターンに参加したほうが良いです

総合職 2020卒

エントリーシート

・形式：採用ホームページから記入
・内容：アルバイト経験について / 志望動機 / 「私の誇れる実績」についてと，そこに至るまでの行動

セミナー

・筆記や面接などが同時に実施され，選考と関係がある
・内容：セミナーはいくつか種類があり，企業説明や社員の業務紹介，グループワークなど様々。セミナー回数は数えられており，面接の時に把握されている

筆記試験

・形式：Webテスト
・科目：数学，算数／国語，漢字
・内容：SPI(テストセンター)，性格テスト(TAL)

面接（個人・集団）

・雰囲気：和やか
・回数：3回
・質問内容：ガクチカ / 志望度の高さ / 志望動機 / 他社の選考状況 / 身内に社員がいるか / 勤務地の確認 / 小学校〜高校までの事 / 親や友人からどんな性格と言われるか / 自分の強みを法人営業のどんな事に活かせるか　など

内定

・拘束や指示：選考確認の電話が多く，面接官から第1志望にするよう，少しオワハラのようなものを受けた
・タイミング：予定より早い

● その他受験者からのアドバイス

・不合格の場合はサイレント
・人によって連絡時期が異なる
・第1志望と言わないと最終面接まで辿り着けない可能性あり

りそなにはメガバンクにない強みがたくさんあります。その強みやりそなの人柄の良さに惹かれた事をアピールすれば志望理由としては十分。

ソリューションフィールド 2020卒

エントリーシート

・形式：採用ホームページから記入
・内容：サークル，研究内容，趣味・特技，アルバイト，志望動機，誇れる実績とその過程，志望業界と企業名

セミナー

・選考に関係ないと書いてあるが，人事は参加回数をチェックしている
・服装：リクルートスーツ
・内容：りそなの業務を知る2つのワーク。りそなの業務をカードゲームやグループワークで体験することで，りそなの強みである信託機能について学べる。

筆記試験

・科目：数学，算数／国語，漢字／クリエイティブ
・内容：テストセンター（ボーダーは低め）とTAL（テーマは「自分の将来像」）

面接（個人・集団）

・回数：3回
・質問内容：一次面接（集団面接）学生時代に力を入れたこ，逆質問。二次面接（個人面接）志望動機，強みと弱み，将来何がやりたいか　など。三次面接（個人面接）はエントリーシートに沿って雑談をする形式。かなり和やか

内定

・通知方法：最終面接のその場

● その他受験者からのアドバイス

・人柄と志望度が重視されるように感じます。第一志望であることを伝えることで内定は近づくと思います
・自己分析と企業研究を怠らないこと。りそなは画期的な経営方針のため，向上心や組織を変えようとする意志がある人を好む傾向にあります
・インターンシップ参加者は集団面接が免除され，面接回数が1回少ない

面接では元気と明るさを重視している企業が多いです。多少話の内容に自信がなくても，ハキハキと喋ることで好印象を持ってもらえます

カスタマーサービスフィールド 2020卒

エントリーシート

・形式：採用ホームページから記入

セミナー

・服装：リクルートスーツ
・内容：ブースに分かれ，自分が聞きたいことを聞きに行く形式

筆記試験

・形式：Webテスト
・科目：SPI（数学，算数／国語，漢字／性格テスト）

面接（個人・集団）

・雰囲気：和やか
・回数：4回
・質問内容：面接官によりけりだが，面接というより面談に近く，とても穏やかで話しやすい雰囲気のものばかりだった。エントリーシートに沿った話が主であり，特殊なことは聞かれないので落ち着いて臨めた

内定

・拘束や指示：他社は辞退するのかということを強めに聞かれた
・通知方法：電話

● その他受験者からのアドバイス

・しっかりとした選考フローがないため，連絡がこないと何もわからないところが不安だった

カスタマーサービスフィールド 2019卒

エントリーシート

・内容：趣味・特技についてアルバイト経験について志望理由私の誇れる実績

セミナー

・選考とは無関係
・服装：リクルートスーツ
・内容：銀行とは。りそなでどんな仕事ができるか。社員との質問会など。三回程度セミナーがあった

筆記試験

・形式：Webテスト
・科目：SPI（数学，算数／国語，漢字／性格テスト）

面接（個人・集団）

・質問内容：大学で勉強していること，学生時代に力を入れたこと，経済についてどう思うか，なぜ銀行なのか

内定

・拘束や指示：最終面接の2.3日後に内定の電話。第一志望に変わりはないか強く確認され，就職活動をやめるよう指示された

SPIとESはとにかく3年生の間にやっておくこと。また第一志望というアピールを忘れないこと

ソリューションフィールド 2018卒

エントリーシート

・形式：採用ホームページから記入
・内容：志望動機，私の誇れる実績

セミナー

・選考とは無関係
・服装：リクルートスーツ
・内容：りそな銀行の特徴，良さ，社風といったごく普通のセミナー

筆記試験

・形式：Webテスト
・科目：SPI（数学，算数／国語，漢字／性格テスト／一般教養・知識）

面接（個人・集団）

・質問内容：趣味について，アルバイトについて，一番の挫折，それをどう克服したか，周りから「どういう人」と言われるか

内定

・拘束や指示：最終面接で意思を確認された後，握手を交わし，就活を終えるように言われる
・通タイミング：予定通り

⏵ その他受験者からのアドバイス

・面接の合格連絡のレスポンスがよいこと。テンポよく面接の日程が決まったこと
・期待されている学生か，そうでないかが，かなりハッキリわかってしまう。ただ，自分は，そう感じなかった

何事も早いうちから取り組んでいたほうが良いと思います

総合職 2017卒

エントリーシート
・内容：学生時代頑張ったこと，アルバイト，趣味，志望動機

セミナー
・選考とは無関係だが，セミナー参加回数を数えられている

筆記試験
・形式：Webテスト
・科目：数学，算数／国語，漢字／性格テスト

面接（個人・集団）
・質問内容：他社状況，ESに沿って，志望動機＋業界・業種の志望動機，逆質問

内定
・拘束や指示：厳しい
・通知方法：電話
・タイミング：予定より遅かった

入社してやりたいことを問われた時は，いかに具体的に答えられるかがカギになります

カスタマー 2017卒

エントリーシート

・内容：課外活動について，ゼミ・研究室，趣味・特技，アルバイト

セミナー

・選考とは無関係
・服装：リクルートスーツ

筆記試験

・形式：Webテスト
・科目：数学，算数／国語，漢字／性格テスト

面接（個人・集団）

・雰囲気：和やか
・質問内容：志望動機，入行後やりたいこと，ゼミ・研究室・卒業論文，アルバイト，中高の部活，周りからどんな人だと言われるか，自分ではどう思うか

内定

・拘束や指示：他社辞退を促される
・通知方法：電話
・タイミング：予定通り

ソリューション・フィールド（総合職）2021卒

エントリーシート
・形式：採用ホームページから記入
・内容：志望理由・誇れる実績

セミナー
・筆記や面接などが同時に実施される，選考と関係のあるものだった
・服装：リクルートスーツ
・内容：業界説明・企業紹介・社員との交流会

筆記試験
・形式：Webテスト
・科目：SPI（数学，算数／国語，漢字）

面接（個人・集団）
・雰囲気：和やか
・回数：3回
・質問内容：学生時代に頑張ってきたこと，長所，短所，研究内容（事業との関連），入社してやりたいこと

内定
・拘束や指示：特になし
・タイミング：予定通り

✔ 有価証券報告書の読み方

01 部分的に読み解くことからスタートしよう

　「有価証券報告書（以下，有報）」という名前を聞いたことがある人も少なくはないだろう。しかし，実際に中身を見たことがある人は決して多くはないのではないだろうか。有報とは上場企業が年に1度作成する，企業内容に関する開示資料のことをいう。開示項目には決算情報や事業内容について，従業員の状況等について記載されており，誰でも自由に見ることができる。

　一般的に有報は，証券会社や銀行の職員，または投資家などがこれを読み込み，その後の戦略を立てるのに活用しているイメージだろう。その認識は間違いではないが，だからといって就活に役に立たないというわけではない。就活を有利に進める上で，お得な情報がふんだんに含まれているのだ。ではどの部分が役に立つのか，実際に解説していく。

■有価証券報告書の開示内容

　では実際に，有報の開示内容を見てみよう。

有価証券報告書の開示内容
第一部【企業情報】
第1　【企業の概況】
第2　【事業の状況】
第3　【設備の状況】
第4　【提出会社の状況】
第5　【経理の状況】
第6　【提出会社の株式事務の概要】
第7　【提出会社の状参考情報】
第二部【提出会社の保証会社等の情報】
第1　【保証会社情報】
第2　【保証会社以外の会社の情報】
第3　【指数等の情報】

有報は記載項目が統一されているため，どの会社に関しても同じ内容で書かれている。このうち就活において必要な情報が記載されているのは，第一部の第1【企業の概況】～第5【経理の状況】まで，それ以降は無視してしまってかまわない。

02 企業の概況の注目ポイント

　第1【企業の概況】には役立つ情報が満載。そんな中，最初に注目したいのは，冒頭に記載されている【主要な経営指標等の推移】の表だ。

回次		第25期	第26期	第27期	第28期	第29期
決算年月		平成24年3月	平成25年3月	平成26年3月	平成27年3月	平成28年3月
営業収益	（百万円）	2,532,173	2,671,822	2,702,916	2,756,165	2,867,199
経常利益	（百万円）	272,182	317,487	332,518	361,977	428,902
親会社株主に帰属する当期純利益	（百万円）	108,737	175,384	199,939	180,397	245,309
包括利益	（百万円）	109,304	197,739	214,632	229,292	217,419
純資産額	（百万円）	1,890,633	2,048,192	2,199,357	2,304,976	2,462,537
総資産額	（百万円）	7,060,409	7,223,204	7,428,303	7,605,690	7,789,762
1株当たり純資産額	（円）	4,738.51	5,135.76	5,529.40	5,818.19	6,232.40
1株当たり当期純利益	（円）	274.89	443.70	506.77	458.95	625.82
潜在株式調整後1株当たり当期純利益	（円）	—	—	—	—	—
自己資本比率	（％）	26.5	28.1	29.4	30.1	31.4
自己資本利益率	（％）	5.9	9.0	9.5	8.1	10.4
株価収益率	（倍）	19.0	17.4	15.0	21.0	15.5
営業活動によるキャッシュ・フロー	（百万円）	558,650	588,529	562,763	622,762	673,109
投資活動によるキャッシュ・フロー	（百万円）	△370,684	△465,951	△474,697	△476,844	△499,575
財務活動によるキャッシュ・フロー	（百万円）	△152,428	△101,151	△91,367	△86,636	△110,265
現金及び現金同等物の期末残高	（百万円）	167,525	189,262	186,057	245,170	307,809
従業員数 [ほか、臨時従業員数]	（人）	71,729 [27,746]	73,017 [27,312]	73,551 [27,736]	73,329 [27,313]	73,053 [26,147]

　見慣れない単語が続くが，そう難しく考える必要はない。特に注意してほしいのが，**営業収益**，**経常利益**の二つ。営業収益とはいわゆる**総売上額**のことであり，これが企業の本業を指す。その営業収益から営業費用（営業費（販売費＋一般管理費）＋売上原価）を差し引いたものが**営業利益**となる。会社の業種はなんであれ，モノを顧客に販売した合計値が営業収益であり，その営業収益から人件費や家賃，広告宣伝費などを差し引いたものが営業利益と覚えておこう。対して経常利益は営業利益から本業以外の損益を差し引いたもの。いわゆる金利による収益や不動産収入などがこれにあたり，本業以外でその会社がどの程度の力をもっているかをはかる絶好の指標となる。

■会社のアウトラインを知れる情報が続く。

　この主要な経営指標の推移の表につづいて，「会社の沿革」,「事業の内容」,「関係会社の状況」「従業員の状況」などが記載されている。自分が試験を受ける企業のことを，より深く知っておくにこしたことはない。会社がどのように発展してきたのか，主としている事業はどのようなものがあるのか，従業員数や平均年齢はどれくらいなのか，志望動機などを作成する際に役立ててほしい。

03 事業の状況の注目ポイント

　第2となる【事業の状況】において，最重要となるのは**業績等の概要**といえる。ここでは1年間における収益の増減の理由が文章で記載されている。「○○という商品が好調に推移したため，売上高は△△になりました」といった情報が，比較的易しい文章で書かれている。もちろん，損失が出た場合に関しても包み隠さず記載してあるので，その会社の1年間の動向を知るための格好の資料となる。

　また，業績については各事業ごとに細かく別れて記載してある。例えば鉄道会社ならば，①運輸業，②駅スペース活用事業，③ショッピング・オフィス事業，④その他といった具合だ。**どのサービス・商品がどの程度の売上を出したのか**，会社の持つ展望として，今後**どの事業をより活性化**していくつもりなのか，などを意識しながら読み進めるとよいだろう。

■「対処すべき課題」と「事業等のリスク」

　業績等の概要と同様に重要となるのが，「**対処すべき課題**」と「**事業等のリスク**」の2項目といえる。ここで読み解きたいのは，その会社の**今後の伸びしろ**について。いま，会社はどのような状況にあって，どのような課題を抱えているのか。また，その課題に対して取られている対策の具体的な内容などから経営方針などを読み解くことができる。リスクに関しては法改正や安全面，他の企業の参入状況など，会社にとって決してプラスとは言えない情報もつつみ隠さず記載してある。客観的にその会社を再評価する意味でも，ぜひ目を通していただきたい。

　次代を担う就活生にとって，ここの情報はアピールポイントとして組み立てやすい。「新事業の○○の発展に際して……」,「御社が抱える●●というリスクに対して……」などという発言を面接時にできれば，面接官の心証も変わってくるはずだ。

最後に注目したいのが，第5【経理の状況】だ。ここでは，簡単にいえば【主要な経営指標等の推移】の表をより細分化した表が多く記載されている。ここの情報をすべて理解するのは，簿記の知識がないと難しい。しかし，そういった知識があまりなくても，読み解ける情報は数多くある。例えば**損益計算書**などがそれに当たる。

連結損益計算書

(単位：百万円)

	前連結会計年度 (自 平成26年4月1日 至 平成27年3月31日)	当連結会計年度 (自 平成27年4月1日 至 平成28年3月31日)
営業収益	2,756,165	2,867,199
営業費		
運輸業等営業費及び売上原価	1,806,181	1,841,025
販売費及び一般管理費	※1 522,462	※1 538,352
営業費合計	2,328,643	2,379,378
営業利益	427,521	487,821
営業外収益		
受取利息	152	214
受取配当金	3,602	3,703
物品売却益	1,438	998
受取保険金及び配当金	8,203	10,067
持分法による投資利益	3,134	2,565
雑収入	4,326	4,067
営業外収益合計	20,858	21,616
営業外費用		
支払利息	81,961	76,332
物品売却損	350	294
雑支出	4,090	3,908
営業外費用合計	86,403	80,535
経常利益	361,977	428,902
特別利益		
固定資産売却益	※4 1,211	※4 838
工事負担金等受入額	※5 59,205	※5 24,487
投資有価証券売却益	1,269	4,473
その他	5,016	6,921
特別利益合計	66,703	36,721
特別損失		
固定資産売却損	※6 2,088	※6 1,102
固定資産除却損	※7 3,957	※7 5,105
工事負担金等圧縮額	54,253	18,346
減損損失	※9 12,738	※9 12,297
耐震補強重点対策関連費用	8,906	10,288
災害損失引当金繰入額	1,306	25,085
その他	30,128	8,537
特別損失合計	113,379	80,763
税金等調整前当期純利益	315,300	384,860
法人税、住民税及び事業税	107,540	128,972
法人税等調整額	26,202	9,326
法人税等合計	133,742	138,298
当期純利益	181,558	246,561
非支配株主に帰属する当期純利益	1,160	1,251
親会社株主に帰属する当期純利益	180,397	245,309

　主要な経営指標等の推移で記載されていた**経常利益**の算出する上で必要な営業外収益などについて，詳細に記載されているので，一度目を通しておこう。

　いよいよ次ページからは実際の有報が記載されている。ここで得た情報をもとに有報を確実に読み解き，就職活動を有利に進めよう。

✔ 有価証券報告書

■ 企業の概況

1 主要な経営指標等の推移

（1） 当連結会計年度の前４連結会計年度及び当連結会計年度に係る主要な経営指標等の推移 ············

		2018年度 （自2018年 4月1日 至2019年 3月31日）	2019年度 （自2019年 4月1日 至2020年 3月31日）	2020年度 （自2020年 4月1日 至2021年 3月31日）	2021年度 （自2021年 4月1日 至2022年 3月31日）	2022年度 （自2022年 4月1日 至2023年 3月31日）
連結経常収益	百万円	860,706	880,544	823,600	844,700	867,974
うち連結信託報酬	百万円	19,242	19,060	19,223	20,834	21,609
連結経常利益	百万円	203,018	214,290	190,960	158,775	227,690
親会社株主に帰属する 当期純利益	百万円	175,162	152,426	124,481	109,974	160,400
連結包括利益	百万円	112,287	23,799	272,200	51,787	139,087
連結純資産	百万円	2,356,178	2,316,543	2,519,645	2,459,023	2,534,052
連結総資産	百万円	59,110,075	60,512,454	73,697,682	78,155,071	74,812,710
1株当たり純資産	円	911.17	904.60	1,008.82	1,025.01	1,065.31
1株当たり当期純利益	円	75.63	66.27	54.19	45.42	67.49
潜在株式調整後 1株当たり当期純利益	円	75.63	66.27	54.19	45.41	67.48
自己資本比率	％	3.57	3.43	3.14	3.12	3.36
連結自己資本利益率	％	8.34	7.27	5.66	4.62	6.47
連結株価収益率	倍	6.34	4.90	8.57	11.53	9.47
営業活動による キャッシュ・フロー	百万円	324,420	974,556	11,394,771	3,890,942	△5,207,582
投資活動による キャッシュ・フロー	百万円	243,591	△278,818	△1,390,998	△925,984	△390,365
財務活動による キャッシュ・フロー	百万円	△53,636	△167,734	△114,365	△170,307	△64,034
現金及び現金同等物の 期末残高	百万円	14,707,458	15,235,443	25,124,886	27,919,539	22,257,558
従業員数 ［外、平均臨時従業員数］	人	21,600 [11,324]	20,760 [10,665]	20,308 [10,318]	19,744 [9,593]	19,283 [8,833]
信託財産額	百万円	27,852,905	28,450,605	31,930,324	31,841,177	28,874,470

(point) 主要な経営指標等の推移

数年分の経営指標の推移がコンパクトにまとめられている。見るべき箇所は連結の売上，利益，株主資本比率の3つ。売上と利益は順調に右肩上がりに伸びているか，逆に利益で赤字が続いていたりしないかをチェックする。株主資本比率が高いとリーマンショックなど景気が悪化したときなどでも経営が傾かないという安心感がある。

(注) 1　自己資本比率は,(期末純資産の部合計 − 期末株式引受権 − 期末新株予約権 − 期末非支配株主持分)を期末資産の部の合計で除して算出しております。

2　連結自己資本利益率は,親会社株主に帰属する当期純利益を,新株予約権及び非支配株主持分控除後の期中平均連結純資産で除して算出しております。

3　従業員数は,就業人員数を表示しております。

4　信託財産額は,「金融機関の信託業務の兼営等に関する法律」に基づく信託業務に係るものを記載しております。なお,該当する信託業務を営む会社は株式会社りそな銀行,株式会社埼玉りそな銀行及び株式会社関西みらい銀行の3社であります。

(2) 当社の当事業年度の前4事業年度及び当事業年度に係る主要な経営指標等 の推移

回次		第18期	第19期	第20期	第21期	第22期
決算年月		2019年3月	2020年3月	2021年3月	2022年3月	2023年3月
営業収益	百万円	104,198	106,997	43,893	60,028	61,186
経常利益	百万円	96,886	100,298	37,669	52,421	54,935
当期純利益	百万円	98,229	10,566	38,060	52,963	55,382
資本金	百万円	50,472	50,472	50,552	50,552	50,552
発行済株式総数	千株	普通株式 2,324,118	普通株式 2,324,118	普通株式 2,302,829	普通株式 2,400,980	普通株式 2,377,665
純資産	百万円	1,063,674	1,017,016	1,007,101	1,050,396	1,041,535
総資産	百万円	1,449,014	1,425,760	1,268,792	1,295,914	1,334,510
1株当たり純資産	円	459.10	442.66	438.44	440.76	440.93
1株当たり配当額 (内1株当たり中間配当額)	円	普通株式 21.00 (普通株式 10.50)	普通株式 21.00 (普通株式 10.50)	普通株式 21.00 (普通株式 10.50)	普通株式 21.00 (普通株式 10.50)	普通株式 21.00 (普通株式 10.50)
1株当たり当期純利益	円	42.41	4.59	16.57	21.87	23.30
潜在株式調整後1株当たり当期純利益	円	—	—	—	21.87	23.30
自己資本比率	%	73.40	71.33	79.37	81.03	78.03
自己資本利益率	%	9.43	1.01	3.76	5.14	5.29
株価収益率	倍	11.31	70.84	28.05	23.96	27.44
配当性向	%	49.51	457.51	126.73	96.02	90.12
従業員数 [外、平均臨時従業員数]	人	1,002 [0]	1,028 [1]	1,153 [1]	1,384 [0]	1,554 [0]
株主総利回り (比較指標：配当込みTOPIX)	% %	89.0 (94.9)	65.3 (85.9)	93.9 (122.1)	108.2 (124.5)	132.4 (131.8)
最高株価	円	674.9	498.6	501.0	568.2	794.9
最低株価	円	479.0	295.7	306.0	407.8	472.6

(注) 1 第22期 (2023年3月) の中間配当についての取締役会決議は2022年11月11日に行いました。

2 第18期 (2019年3月)，第19期 (2020年3月) 及び第20期 (2021年3月) の「潜在株式調整後1株当たり当期純利益」は，潜在株式が存在しないため記載しておりません。

3 自己資本比率は，(期末純資産の部合計－期末株式引受権－期末新株予約権) を期末資産の部の合計で除して算出しております。

4 自己資本利益率は，当期純利益を新株予約権控除後の期中平均純資産で除して算出しております。

5 配当性向は，普通株式に係る1株当たり配当額を1株当たりの当期純利益で除して算出しております。

6 従業員数は，就業人員数を表示しております。

7 株主総利回りは，2018年3月末を基準としております。

8 最高・最低株価は，2022年4月3日以前は東京証券取引所市場第一部，2022年4月4日以降は東京証券取引所プライム市場におけるものであります。

2 沿革

2001年12月	・株式会社大和銀行，株式会社近畿大阪銀行及び株式会社奈良銀行の3行が，株式移転により持株会社「株式会社大和銀ホールディングス」を設立。
12月	・当社普通株式を株式会社大阪証券取引所並びに株式会社東京証券取引所の各市場第一部に上場。
2002年2月	・株式会社大和銀行より大和銀信託銀行株式会社の株式を取得し，同行が当社の完全子会社となる。
3月	・株式会社あさひ銀行が，株式交換により当社の完全子会社となる。
3月	・大和銀信託銀行株式会社が，会社分割により株式会社大和銀行の年金・法人信託部門の信託財産を引継ぎ，営業を開始。
3月	・当社保有の大和銀信託銀行株式会社の株式の一部を国内金融機関12社及びクレディ・アグリコルS.A.（フランス）の子会社で同社グループのアセットマネジメント部門を統括するセジェスパーに譲渡。
4月	・新しいグループ名を「りそなグループ」とする。
9月	・あさひ信託銀行株式会社が，営業の一部（投資信託受託業務等）を大和銀信託銀行株式会社へ営業譲渡。
10月	・株式会社大和銀行が，あさひ信託銀行株式会社を吸収合併。
10月	・当社の商号を株式会社りそなホールディングスに変更。
11月	・当社所有のりそな信託銀行株式会社（旧大和銀信託銀行株式会社）の株式の一部を国内金融機関12社に譲渡することを取締役会において決定。
2003年1月	・香港大手金融機関の東亜銀行と，アジア地域の金融サービスに関する業務提携につき合意。
3月	・株式会社大和銀行と株式会社あさひ銀行が，分割・合併により株式会社りそな銀行と株式会社埼玉りそな銀行に再編。
7月	・株式会社りそな銀行が，預金保険機構に対して総額1兆9,600億円の普通株式及び議決権付優先株式を発行。
8月	・当社と株式会社りそな銀行との株式交換により預金保険機構が当社普通株式及び議決権付優先株式を取得。
2005年1月	・外部株主が保有するりそな信託銀行株式会社の株式の一部について買取を実施。
3月	・りそな信託銀行株式会社が，株式交換により当社の完全子会社となる。
2006年1月	・株式会社りそな銀行と株式会社奈良銀行が合併。
2009年4月	・株式会社りそな銀行とりそな信託銀行株式会社が合併。

2014年7月	・預金保険機構に対して発行した当社普通株式及び議決権付優先株式（総額1兆9,600億円）を完済。
2017年11月	・株式会社関西みらいフィナンシャルグループを設立。
2017年12月	・当社保有の株式会社近畿大阪銀行株式を株式会社関西みらいフィナンシャルグループに譲渡。
2018年4月	・株式会社関西みらいフィナンシャルグループは，株式会社関西アーバン銀行及び株式会社みなと銀行のそれぞれと株式交換を実施し，当該2社が同社の完全子会社となる。 同社が株式会社東京証券取引所の市場第一部に上場。
2021年3月	・株式会社関西みらいフィナンシャルグループが当社の完全子会社となるに先立ち，同社は株式会社東京証券取引所の市場第一部上場廃止。
2022年4月	・東京証券取引所の市場区分の見直しにより市場第一部からプライム市場へ移行。

3 事業の内容

　当社は，株式会社りそな銀行，株式会社埼玉りそな銀行及び株式会社関西みらいフィナンシャルグループ等とともに，りそなグループを構成しております。

　当連結会計年度末における当グループの連結会社数は，国内連結子会社30社，海外連結子会社3社及び持分法適用関連会社7社となっております。これらのグループ会社は，銀行・信託業務のほか，クレジットカード業務，ベンチャーキャピタル業務，ファクタリング業務，投資運用業務，投資助言・代理業務などの金融サービスを提供しております。

　当グループの組織を図によって示すと次のとおりであります。

 沿革

　どのように創業したかという経緯から現在までの会社の歴史を年表で知ることができる。過去に行った重要なM&Aなどがいつ行われたのか，ブランド名はいつから使われているのか，いつ頃から海外進出を始めたのか，など確認することができて便利だ。

[当グループの事業系統図]

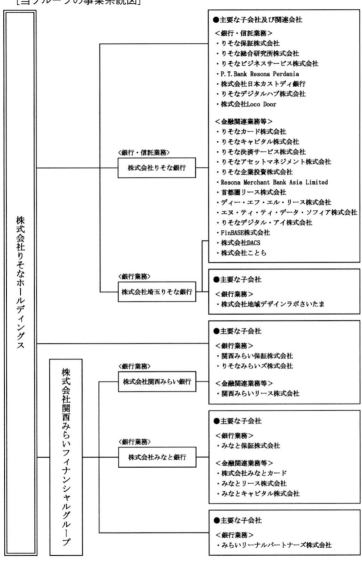

● 主要な子会社及び関連会社

<銀行・信託業務>
・りそな保証株式会社
・りそな総合研究所株式会社
・りそなビジネスサービス株式会社
・P.T.Bank Resona Perdania
・株式会社日本カストディ銀行
・りそなデジタルハブ株式会社
・株式会社Loco Door

<金融関連業務等>
・りそなカード株式会社
・りそなキャピタル株式会社
・りそな決済サービス株式会社
・りそなアセットマネジメント株式会社
・りそな企業投資株式会社
・Resona Merchant Bank Asia Limited
・首都圏リース株式会社
・ディー・エフ・エル・リース株式会社
・エヌ・ティ・ティ・データ・ソフィア株式会社
・りそなデジタル・アイ株式会社
・FinBASE株式会社
・株式会社DACS
・株式会社こどら

<銀行・信託業務>
株式会社りそな銀行

<銀行業務>
株式会社埼玉りそな銀行

● 主要な子会社

<銀行業務>
・株式会社地域デザインラボさいたま

● 主要な子会社

<銀行業務>
・関西みらい保証株式会社
・りそなみらいズ株式会社

<金融関連業務等>
・関西みらいリース株式会社

<銀行業務>
株式会社関西みらい銀行

● 主要な子会社

<銀行業務>
・みなと保証株式会社

<金融関連業務等>
・株式会社みなとカード
・みなとリース株式会社
・みなとキャピタル株式会社

<銀行業務>
株式会社みなと銀行

● 主要な子会社

<銀行業務>
・みらいリーナルパートナーズ株式会社

株式会社りそなホールディングス

株式会社関西みらいフィナンシャルグループ

---

point **事業の内容**

会社の事業がどのようにセグメント分けされているか，そして各セグメントではどのようなビジネスを行っているかなどの説明がある。また最後に事業の系統図が載せてあり，本社，取引先，国内外子会社の製品・サービスや部品の流れが分かる。ただセグメントが多いコングロマリットをすぐに理解するのは簡単ではない。

※当グループでは，「事業部門別管理会計」において，グループの事業部門を「個人部門」「法人部門」「市場部門」に区分して算定を行っているため，この3つを報告セグメントとするとともに，関西地域で預金業務，貸出業務等の「銀行業」を営む「関西みらいフィナンシャルグループ」を報告セグメントに追加して表示しており，管理会計を共通化していることから，報告セグメントごとの主要な関係会社の名称は記載しておりません。

なお，当社は特定上場会社等に該当し，インサイダー取引規制の重要事実の軽微基準のうち，上場会社の規模との対比で定められる数値基準については連結ベースの計数に基づいて判断することになります。

(point) **関係会社の状況**

主に子会社のリストであり，事業内容や親会社との関係についての説明がされている。特に製造業の場合などは子会社の数が多く，すべてを把握することは難しいが，重要な役割を担っている子会社も多くある。有報の他の項目では一度も触れられていない場合が多いので，気になる会社については個別に調べておくことが望ましい。

4 関係会社の状況

名称	住所	資本金又は出資金（百万円）	主要な事業の内容	議決権の所有（又は被所有）割合（%）	当社との関係内容				
					役員の兼任等（人）	資金援助	営業上の取引	設備の賃貸借	業務提携
（連結子会社）									
株式会社りそな銀行 (注) 1, 2, 4	大阪市中央区	279,928	銀行信託	100.0	2 (2)	―	経営管理 預金取引関係 金銭貸借関係	当社に建物の一部を賃貸	―
株式会社埼玉りそな銀行 (注) 1, 4	さいたま市浦和区	70,000	銀行	100.0	1 (1)	―	経営管理 預金取引関係 金銭貸借関係	当社に建物の一部を賃貸	―
株式会社関西みらい銀行 (注) 1, 4	大阪市中央区	38,971	銀行	100.0 (100.0)	1 (1)	―	預金取引関係	―	―
株式会社みなと銀行 (注) 1	神戸市中央区	39,984	銀行	100.0 (100.0)	―	―	―	―	―
株式会社関西みらいフィナンシャルグループ (注) 1	大阪市中央区	29,589	銀行持株会社	100.0	1 (1)	―	―	―	―
りそな保証株式会社 (注) 1	さいたま市浦和区	14,000	信用保証	100.0	2	―	経営管理	―	―
りそな決済サービス株式会社	東京都江東区	1,000	ファクタリング	100.0	2	―	経営管理	―	―
りそなカード株式会社	東京都江東区	1,000	クレジットカード、信用保証	77.5	3	―	経営管理	―	―
りそなキャピタル株式会社	東京都江東区	5,049	ベンチャーキャピタル	100.0	2	―	経営管理	―	―
りそなアセットマネジメント株式会社	東京都江東区	1,000	投資運用、投資助言・代理	100.0	―	―	経営管理	―	―
りそな総合研究所株式会社	大阪市中央区	100	コンサルティング	100.0	2	―	経営管理	―	―
りそなビジネスサービス株式会社	東京都江東区	60	事務等受託、有料職業紹介	100.0	3	―	経営管理 有料職業紹介関係	―	―
りそな企業投資株式会社	東京都江東区	100	投資事業組合財産の管理運営	100.0 (0.0)	2	―	経営管理	―	―
りそなデジタルハブ株式会社 (注) 9	東京都台東区	400	DX推進支援	85.0	2	―	経営管理	―	―
FinBASE株式会社 (注) 10	東京都江東区	100	金融デジタルプラットフォーム営業	80.0	5	―	経営管理	―	―
株式会社Loco Door (注) 11	東京都江東区	400	地方創生支援	100.0	2	―	経営管理	―	―
りそなみらいズ株式会社	滋賀県大津市	10	銀行補助	100.0 (68.3)	―	―	―	―	―
株式会社地域デザインラボさいたま	さいたま市浦和区	100	地域課題解決	100.0 (100.0)	1	―	―	―	―

名称	住所	資本金又は出資金(百万円)	主要な事業の内容	議決権の所有(又は被所有)割合(%)	役員の兼任等(人)	資金援助	営業上の取引	設備の賃貸借	業務提携
みらいリーナルパートナーズ株式会社	大阪市中央区	100	経営課題解決	100.0 (100.0)	—	—	—	—	—
関西みらいリース株式会社	大阪市中央区	100	リース	100.0 (100.0)	—	—	—	—	—
関西みらい保証株式会社 (注)1	大阪市中央区	6,397	信用保証	100.0 (100.0)	—	—	—	—	—
みなとリース株式会社	神戸市中央区	30	リース	100.0 (100.0)	—	—	—	—	—
株式会社みなとカード	神戸市中央区	350	クレジットカード、信用保証	100.0 (100.0)	—	—	—	—	—
みなと保証株式会社	神戸市東灘区	200	信用保証	100.0 (100.0)	—	—	—	—	—
みなとキャピタル株式会社	神戸市中央区	250	投資	100.0 (100.0)	—	—	—	—	—
P. T. Bank Resona Perdania (注)7	インドネシア共和国ジャカルタ	百万インドネシアルピア 405,000	銀行	48.4 (48.4)	—	—	—	—	—
Resona Merchant Bank Asia Limited (注)1	シンガポール共和国	百万シンガポールドル 194	ファイナンス、M&A	100.0 (100.0)	—	—	—	—	—
その他 6社	—	—	—	—	—	—	—	—	—

名称	住所	資本金又は出資金(百万円)	主要な事業の内容	議決権の所有(又は被所有)割合(%)	役員の兼任等(人)	資金援助	営業上の取引	設備の賃貸借	業務提携
(持分法適用関連会社) 株式会社日本カストディ銀行 (注)8	東京都中央区	51,000	有価証券管理、資産管理に係る信託、銀行	16.6 (16.6)	—	—	—	—	—
首都圏リース株式会社	東京都千代田区	3,300	総合リース	20.2	—	—	—	—	—
ディー・エフ・エル・リース株式会社	大阪市中央区	3,700	総合リース	20.0	—	—	—	—	—
エヌ・ティ・ティ・データ・ソフィア株式会社 (注)8	東京都目黒区	80	情報処理サービス	15.0	1 (1)	—	—	—	—
りそなデジタル・アイ株式会社	大阪府豊中市	100	情報処理サービス	49.0	1 (1)	—	—	—	—
株式会社DACS (注)12	大阪市中央区	100	情報処理サービス	30.0	—	—	—	—	—
株式会社ことら (注)13	東京都中央区	1,700	資金決済インフラの企画・運営	25.0 (25.0)	—	—	—	—	—

---

point 従業員の状況

主力セグメントや，これまで会社を支えてきたセグメントの人数が多い傾向があるのは当然のことだろう。上場している大企業であれば平均年齢は40歳前後だ。また労働組合の状況にページが割かれている場合がある。その情報を載せている背景として，労働組合の力が強く，人数を削減しにくい企業体質だということを意味している。

(注) 1 上記関係会社のうち，特定子会社に該当するのは株式会社りそな銀行，株式会社埼玉りそな銀行，株式会社関西みらい銀行，株式会社みなと銀行，株式会社関西みらいフィナンシャルグループ，りそな保証株式会社，関西みらい保証株式会社，Resona Merchant Bank AsiaLimitedの8社であります。

2 上記関係会社のうち，有価証券報告書（又は有価証券届出書）を提出している会社は，株式会社りそな銀行であります。

3 上記関係会社のうち，連結財務諸表に重要な影響を与えている債務超過の状況にある関係会社はありません。

4 上記関係会社のうち，連結財務諸表の経常収益に占める連結子会社の経常収益（連結会社相互間の内部経常収益を除く）の割合が100分の10を超える会社は，株式会社りそな銀行，株式会社埼玉りそな銀行，株式会社関西みらい銀行であります。主要な損益情報等は以下のとおりであります。

（単位：百万円）

	経常収益	経常利益	当期純利益	純資産額	総資産額
株式会社 埼玉りそな銀行	152,771	37,653	25,961	440,510	18,338,045
株式会社 関西みらい銀行	113,759	20,195	15,169	344,582	9,501,695

なお，株式会社りそな銀行は有価証券報告書を提出しており，主要な損益情報等は省略しております。

5 「議決権の所有（又は被所有）割合」欄の（ ）内は子会社による間接所有の割合（内書き）であります。

6 「当社との関係内容」の「役員の兼任等」欄の（ ）内は，当社の役員（内書き）であります。

7 当社の議決権所有割合は100分の50以下ですが，実質的に支配しているため子会社としたものであります。

8 当社の議決権所有割合は100分の20未満ですが，実質的な影響力を持っているため関連会社としたものであります。

9 りそなデジタルハブ株式会社は2022年4月1日に設立しました。

10 FinBASE株式会社は，2022年4月1日に設立しました。

11 株式会社Loco Doorは2022年7月1日に設立しました。

12 当社は，2022年7月29日に株式会社DACSの株式を取得し，持分法適用関連会社といたしました。

13 株式会社ことらは，2022年10月11日サービス開始に伴い当期より記載しております。

(point) 業績等の概要

この項目では今期の売上や営業利益などの業績がどうだったのか，収益が伸びたあるいは減少した理由は何か，そして伸ばすためにどんなことを行ったかということがセグメントごとに分かる。現在，会社がどのようなビジネスを行っているのか最も分かりやすい箇所だと言える。

5 従業員の状況

（1） 連結会社における従業員数 ･････････････････････････････････････

2023年3月31日現在

従業員数（人）	19,283 [8,833]

(注) 1 従業員数は，海外の現地採用者を含み，嘱託及び臨時従業員9,119人を含んでおりません。
2 臨時従業員数は，[ ]内に年間の平均人員を外書きで記載しております。
3 複数のセグメントにまたがって従事する従業員がいることから，セグメント別の記載を省略しております。

（2） 当社の従業員数 ･･

2023年3月31日現在

従業員数（人）	平均年齢（歳）	平均勤続年数（年）	平均年間給与（千円）
1,554 [0]	45.2	16.6	8,799

(注) 1 当社従業員は全員，株式会社りそな銀行，株式会社埼玉りそな銀行，株式会社関西みらい銀行，株式会社みなと銀行他14社からの出向者であり，平均勤続年数は各社での勤続年数を通算しております。なお，嘱託及び臨時従業員は0人であります。
2 臨時従業員数は，[ ]内に年間の平均人員を外書きで記載しております。
3 複数のセグメントにまたがって従事する従業員がいることから，セグメント別の記載を省略しております。
4 平均年間給与は，2023年3月末の当社従業員に対して各社で支給された年間の給与（時間外手当を含む）の合計額を基に算出しております。
5 当社には従業員組合はありません。労使間において特記すべき事項はありません。

■ 事業の状況

1 経営方針，経営環境及び対処すべき課題等

当グループの経営方針，経営環境及び対処すべき課題等は以下のとおりであります。なお，記載事項のうち将来に関するものは，有価証券報告書提出日現在において判断したものであります。

（1）経営方針 ···

当グループは，以下の経営理念の下，地域のお客さまを重視する姿勢を徹底することにより，地域社会から信頼され，株主の皆さまや市場からの評価を得られる金融サービスグループを目指すとともに，グループの更なる飛躍に向けた改革に邁進し，企業価値の最大化を目指してまいります。

＜りそなグループパーパス＞

金融＋で、
未来をプラスに。

社会がどのように変わっても、
安心して前を向けること。
希望を持って踏み出せること。

そのために私たちは
一つひとつの地域に寄り添い、
金融の枠にとどまらない発想で
小さなことでも、大きなことでも、
未来をプラスに変えていく。

たくさんの安心と希望、
そしてワクワクする未来のために、
私たちりそなは、変革と創造に挑み続けます。

<＜りそなグループ経営理念＞

> りそなグループは、創造性に富んだ金融サービス企業を目指し、
>
> お客さまの信頼に応えます。
>
> 変革に挑戦します。
>
> 透明な経営に努めます。
>
> 地域社会とともに発展します。

＜長期ビジョン＞

> リテールNo.1
>
> お客さま・地域社会にもっとも支持され、ともに未来へ歩み続けるソリューショングループ

(2)　経営環境

　当グループは、2003年の預金保険法に基づく公的資金の注入とりそな改革のスタートから20年を迎えました。国民の皆さまからお預かりした3兆円を超える公的資金を2015年に完済するとともに、りそなのDNAである「変革」に挑戦しつつ、お客さま・地域社会の信頼に応え、ともに成長する、という経営の軸をぶらすことなく、今日まで取り組んでまいりました。一方で世の中は、サステナビリティ・トランスフォーメーション（以下、SX）、デジタルトランスフォーメーション（以下、DX）といった潮流等の歴史的な構造転換期にあり、お客さま・地域社会のこまりごとは一層多様化・高度化していくことが予想されます。

　当グループとしては、社会・環境がいかに変わろうとも、「お客さまの喜びがりそなの喜び」という基本姿勢を貫き、これまで以上に社会に貢献することで、全てのステークホルダーとともに成長していきたいと考えております。

(3)　中期的な経営戦略及び優先的な対処すべき課題

① 前中期経営計画の振り返り

　前中期経営計画では、お客さまのこまりごと・社会課題を起点に、従来の銀行の常識や枠組みにとらわれることなく、新しい発想、幅広いつながりが育む様々な「共鳴」を通じて、お客さまに新たな価値を提供するという「レゾナンス・モデルの確立」を基本方針とし、既存領域の"差別化"を図る「深掘」、"脱・銀行"に向けた新たな創造への「挑戦」、これらを支える「基盤の再構築」に取り組んでま

いりました。想定を超える厳しい外部環境のもと，「深掘」「挑戦」「基盤の再構築」
を通じた収益コスト構造改革は，注力領域の収益力向上によるコア収益の反転，
金融デジタルプラットフォームをはじめとした次なる成長の種まきの進捗など一
定の成果を示したものと認識しております。一方で，世の中が歴史的な転換点を
迎えるなか，これまで以上に社会に貢献していくためには，収益・コスト構造改
革のさらなる加速が必要であると考えております。

前中計における主要経営指標

		2022年度実績	前中計目標
中長期的な収益構造改革の実現	親会社株主に帰属する当期純利益	**1,604億円**	1,600億円
	連結フィー収益比率	**34.7%**	35%以上
	連結経費率	**67.4%**	60%程度
	株主資本ROE[*1]	**7.66%**	8%程度
	普通株式等Tier1比率[*2]	**10%程度**	10%程度
持続可能な社会の実現	GPIF選定ESG指数（国内株）[*3]	**すべてに採用**	すべてに採用

*1. 親会社株主に帰属する当期純利益 ÷ 株主資本（期首・期末平均）　*2. 国際統一基準・バーゼル3最終化ベース（完全実施基準），その他有価証券評価差額金除き
*3. FTSE Blossom Japan Index, FTSE Blossom Japan Sector Relative Index, MSCIジャパンESGセレクト・リーダーズ指数，
　　S&P/JPXカーボン・エフィシェント指数，MSCI日本株女性活躍指数，Morningstar Japan ex-REIT Gender Diversity Tilt Index

② 経営の方向性

　りそな改革のスタートから20年の時を経て，これまでの歩みを忘れることなく
次世代に繋ぎながら，「リテールNo.1」実現に向けた新たな挑戦への一歩を踏み
出してまいります。その針路をより明確にするため，今般，当グループでは，創
業以来，経営の根底に流れる想いを「パーパス」・「長期ビジョン」として制定す
るとともに，2030年度をターゲットとする「サステナビリティ長期指標」を設定
いたしました。

　また，長期的な戦略の方向性を「これまでのビジネス構造・経営基盤を変革す

るコーポレートトランスフォーメーション（以下，CX）」とし，そこからのバック
キャストによって，2023年5月に，2023年度から2025年度を計画期間とする
新たな中期経営計画（以下，本計画）を策定いたしました。

　「リテールNo.1実現への加速に向けてCXに取り組む最初の1,000日」と位置
づける本計画では，SX・DXの潮流等を見据えた「変化への適応」及び「収益・
コスト構造改革のさらなる加速」を図るべく，「価値創造力の強化」「経営基盤の
次世代化」に取り組んでまいります。

③　長期的に目指す姿
- りそな改革のスタートから20年の節目に，今日まで築き上げたりそなの
DNAである「変革への挑戦」を次世代に繋ぎながら，「リテールNo.1」実現
に向けて加速します。
- 一方で，SXやDXの潮流等の歴史的な構造転換期において，お客さま・地
域社会のこまりごとは一層多様化・高度化していくことが予想されます。ま
た，当グループの特性である「リテール」や「地域に根差した4つの銀行を中
心としたマルチリージョナル体制」は，地域密着型のきめ細やかなビジネス
展開を可能とする反面，高コスト性を内包しており，収益・コストにおいて
構造的なミスマッチが生じております。
- これらの課題を克服し，「お客さまの喜びがりそなの喜び」という基本姿勢を
貫きながら，これまで以上に社会に貢献していくためには，当グループ自らが，
「これまでのビジネス構造・経営基盤を変革するCX」に踏み出さなければな
らないと認識しております。
- CXに向けて，多様化・高度化するお客さま・地域社会のこまりごとに応え
るための「価値創造力の強化」と，自らが変化に適応しながら，多様な価値
創造・提供を可能にする「経営基盤の次世代化」に取り組みます。
- これらの長期的な取組みを通じて，持続的な社会価値・企業価値の向上及び
「リテールNo.1」実現を目指します。

りそなグループが長期的に目指す姿

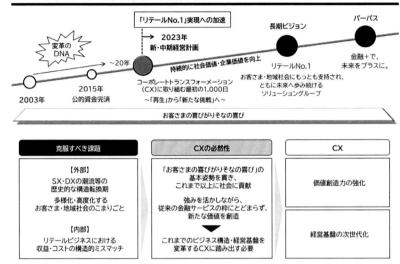

④ 中期経営計画

a. 計画期間

・2023年度～2025年度（2024年3月期～2026年3月期）

b. 本計画の位置づけ・ポイント

・本計画を「リテールNo.1実現への加速に向けてCXに取り組む最初の1,000日」と位置付けます。

・本計画では，SX・DXの潮流等を見据えた「変化への適応」及び「収益・コスト構造改革のさらなる加速」を図ります。

・これらの実現に向け，リテール特化の歴史の中で培ったグループの強みを活かしたビジネスの深掘と新たな価値の創造への挑戦を通じた「価値創造力の強化」，グループ連結運営のさらなる強化と一体的な基盤改革を通じた「経営基盤の次世代化」に取り組んでまいります。

中期経営計画の全体像

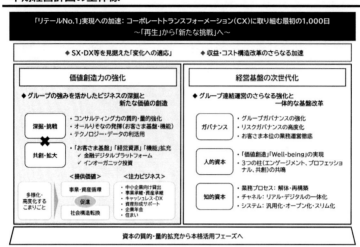

c. 経営指標

・本計画の最終年度における主な経営指標は以下のとおりです。

中期経営計画の主要経営指標

		2022年度(実績)	2025年度
収益・コスト構造改革の実現	親会社株主に帰属する当期純利益	1,604億円	1,700億円
	連結コア収益*1	1,636億円	1,800億円
	連結経費率	67.4%	60%台前半
健全性、成長投資と株主還元の最適化	株主資本ROE*2	7.66%	8%
	普通株式等Tier1比率*3	10%程度	10%台
	総還元性向	40.6%	50%程度
持続可能な社会の実現	GPIF選定ESG指数(国内株)*4	全てに採用	全てに採用

[2025年度前提条件:無担保コール△0.N △0.05%、10年国債 0.40%、日経平均株価 28,000円]
※1.国内預貸金利益+円貨利息等(円貨利息・金利スワップ収益)＋フィー収益＋経費
※2.親会社株主に帰属する当期純利益÷株主資本(期首・期末平均)
※3.国際統一基準・バーゼル3最終化ベース(完全実施基準)、その他有価証券評価差額金除き
※4.FTSE Blossom Japan Index, FTSE Blossom Japan Sector Relative Index, MSCIジャパンESGセレクト・リーダーズ指数, S&P/JPXカーボン・エフィシェント指数,
MSCI日本株女性活躍指数, Morningstar Japan ex-REIT Gender Diversity Tilt Index

d. 価値創造力の強化

○深掘・挑戦

- 以下の表に記載のとおり，事業・資産循環，社会構造転換の促進に向けて，前中期経営計画から進めてきた注力ビジネスへの人的資源投入，投資，資本活用を引き続き強化してまいります。
- 具体的には，中小企業向け貸出，承継等におけるコンサルティングの質・量の拡充，ファイナンス力の一層の強化を図ります。
- オールりそなで，「お客さま基盤」「機能」等，グループの潜在力の最大限発揮に取り組みます。
- キャッシュレス・DX，資産形成サポート等における，テクノロジー・データの利活用を通じた，より広く価値を届ける「仕組み」の拡大を図ります。

○共創・拡大

- インオーガニック投資や，地域金融機関・異業種等との共創基盤である金融デジタルプラットフォームを通じて戦略的提携を拡大させ，「お客さま基盤」「経営資源」「機能」の拡充を図ってまいります。

中小企業向け貸出	・SX・承継・DX等変化に適応するための資金需要に，リレーションを活かしたコンサルティング・ファイナンスで応えていく ・人的資源の投入や資本の積極活用を通じて，コンサルティング力・ファイナンス能力を強化する
事業承継・資産承継	・少子高齢化が進むなか，事業や資産の価値を引き継ぎ・高めたいという想いに，M&A，信託，不動産等の多様なソリューションで応えていく ・事業承継・資産承継分野における専門人財のさらなる増強を通じて，より多くの想いを形にする
キャッシュレス・DX	・人口減少のなかでも社会・経済の活力を維持するため，個人の家計・企業の商流に向けてさらなる利便性を提供していく ・データ利活用の高度化，グループ内外連携の深化を通じて，金融に留まらない価値を創造・提供する
資産形成サポート	・人生100年時代において，より多くの人の資産形成を促し，経済的な備えをサポートする ・企業年金で培った運用力とテクノロジーを融合し，積立投資における新たなお客さま体験を提供する
企業年金	・人財不足を見据え，信託・年金部門のDXと担い手のスキル強化を通じて，従業員のエンゲージメント向上に資する企業年金コンサルティングを提供していく
住まい	・お客さまの生活スタイルの変化に，デジタルを活用した住宅ローンの利便性向上，環境課題に配慮した住宅ローン商品の提供を通じて応えていく

e. 経営基盤の次世代化

- 多様な価値提供を支え，変化に柔軟かつ敏捷に適応していくため，ガバナンス，人的資本，知的資本の次世代化を，人的資源投入や投資拡充を通じて，一体的に進めてまいります。

ガバナンス		グループガバナンスの強化、リスクガバナンスの高度化 ・ホールディングスの役割強化等 ・AML/CFT、情報セキュリティ等のリスク管理・コンプライアンス態勢の高度化 ・お客さま本位の業務運営の徹底
人的資本		「価値創造」「Well-being」の実現、3つの柱（エンゲージメント、プロフェッショナル、共創）の共鳴 ・人財育成投資拡充、処遇向上 ・新卒採用・専門人財採用の強化
知的資本	業務プロセス	お客さまと向き合う時間の最大化に向けた、業務プロセスの解体・再構築 ・預金・為替を中心とした店頭事務体制の解体・再構築 ・融資・住宅ローン・信託分野における抜本的な業務プロセスの解体、システム再構築
	チャネル	リアルとデジタルの一体化、データ利活用の高度化を通じた、お客さまへの新たな体験の提供 ・リアルチャネル：店頭コンサルティングの強化 ・デジタルチャネル：ユーザーのさらなる拡大、コンサルティング強化 ・多様なチャネル間でのデータ連携・利活用強化
	システム	汎用化・オープン化・スリム化 ・業務プロセスの解体・再構築と連動した戦略的なシステム投資の実行

f. 資本マネジメント

　健全性を維持しながら，成長投資や株主還元の拡充に資本を活用することで，企業価値向上の実現に取り組んでまいります。なお，資本収益性の指標として，ROE8％を目指してまいります。

○健全性

　自己資本比率については，現在適用している国内基準において十分な水準を維持するとともに，国際統一基準においても，普通株式等Tier1比率10％台（バーゼル3最終化完全実施ベース，その他有価証券評価差額金除く）で運営してまいります。

○成長投資

　お客さま・地域社会のこまりごと解決に資する貸出の増強等に加え，「お客さま基盤」「経営資源」「機能」の拡充を目指すべく，インオーガニック投資に取り組んでまいります。

○株主還元

　安定配当を継続するとともに，総還元性向の水準の50％程度への引き上げを目指してまいります。

⑤　サステナビリティ長期指標

　持続的な社会価値・企業価値向上への取組みを加速させるべく，2030年度の達成を目指す指標を設定いたしました。お客さまのこまりごと・社会課題解決を

通じてマルチステークホルダーにとっての様々な価値の向上に貢献する企業を目指し，従業員一同取り組んでまいります。詳細は「2 サステナビリティに関する考え方及び取組」をご覧ください。

2 事業等のリスク

　当社及び当グループは，当社及び当グループに重大な影響を及ぼす可能性の高いリスクをトップリスクとして認識し，トップリスクをリスク管理の起点とした一貫性のあるリスク管理体制を整備しております。

　トップリスクは，経営会議，取締役会等での議論を踏まえて決定され，トップリスク管理を通じて当社及び当グループ内のリスク認識を共有し，リスクガバナンスの強化，重大なリスクの発生防止，リスクが発生した場合の早期対応・影響拡大の抑制等に努めております。

　有価証券報告書提出日現在，以下をトップリスクとして選定しております。

（図表1）トップリスクとリスクシナリオ

トップリスク	主なリスクシナリオ
社会構造・産業構造の変容に伴う競争力低下等	・競争の前提条件の変化による過去の戦略投資効果の剥落 ・必要な人財の不足による戦略実現に向けた遂行力低下 ・気候変動への対応遅延等による成長機会逸失および企業価値毀損
各種法規制や政策変更等に伴う収益構造変化（収益性低下）等	・各種法令・規制の導入・変更や金融政策変更に起因する収益構造の変化 ・経営情報の開示が不十分と見做されることに伴う企業価値毀損
与信費用の増加	・金融・経済環境の大幅な変動、地政学リスク発現に伴う経済制裁やサプライチェーン混乱等の影響を受けた取引先の業績悪化 ・与信集中業種の業況及び関連する取引先の業績悪化
保有有価証券の評価損益悪化	・金融・経済環境の変動や金融政策変更への対応の遅れ、地政学リスクの高まり（株価下落・金利上昇等）による有価証券評価損益悪化
外貨資金調達の不安定化	・金融市場の混乱や地政学リスクの高まり、想定外の資金流出、市場流動性低下等による外貨資金調達コスト増加や資金繰り悪化
重要拠点や委託先での重大インシデント発生による業務停止等	・人的過失・過誤やシステム障害・サイバー攻撃等に起因した重要インフラ（サードパーティを含む）での障害による決済機能等のサービス停止、お客さま情報流出
法令・コンプライアンス違反による業務停止等	・マネー・ローンダリング等への対応不備による業務停止 ・お客さま本位の業務運営に悖る行為、人権問題等への不適切な対応に伴う企業価値毀損
自然災害の発生による業務停止等	・大規模地震、風水害やパンデミックにより人命が危険に晒される、ないしは業務停止

当社及び当グループの事業その他に関するリスクについて，投資者の判断に重要な影響を及ぼす可能性があると考えられる主な事項や，必ずしもそのようなリスク要因に該当しない事項であっても，投資者の投資判断上，重要であると考えられる事項について以下に記載しております。

　これらのリスクは独立して発生するとは限らず，あるリスクの発生が他のリスクの発生につながり，様々なリスクを増大させる可能性があります。当社は，リスクが顕在化する可能性やリスクが顕在化した場合に当社及び当グループに与える影響の内容を認識したうえで，発生の回避及び発生した場合の適切な対応に努めてまいります。

　なお，記載事項のうち将来に関するものは，有価証券報告書提出日現在において判断したものであります。

（1） トップリスク（当社及び当グループに重大な影響を及ぼす可能性が高いリスク）

① 社会構造・産業構造の変容に伴う競争力低下等

　近年，金融業界の規制緩和やデジタルトランスフォーメーションを見据えた金融イノベーションの進展，金融機関の統合・再編・業務提携等に加え，カーボンニュートラルをはじめとするSX（サステナビリティ・トランスフォーメーション）への取り組みの加速等により事業環境は厳しさを増しております。

　今後，競争が激化し，当グループが競争に十分対応することが出来ない場合には，貸出増強が進まない，リスクに見合った貸出金利鞘が確保できない，手数料収入が期待通りに得られない等，当グループの業績，財務状況に悪影響を及ぼす可能性があります。

　これらに対応するため，既存ビジネスの深掘と新たな価値の創造への挑戦，及び他金融機関・異業種等との共創・拡大を行い，様々なビジネス戦略のもとリスクテイクを行っております。新規ビジネスへの挑戦などにより，新たなリスクテイクを行う場合には，経営陣による十分な議論を行うほか，リスクチェック制度により，内在リスクを洗出し，リスク特性に応じた管理体制の構築を図っております。

○サステナビリティの取り組みの加速に関するリスク

　世界的な潮流として，企業に対しサステナビリティや人権問題への対応が求め

られる中，当グループでは，「持続可能な社会への貢献」と「りそなグループの持続的な成長」の実現に向け，リテールを中心とするお客さまのSXについて金融サービスを通じてサポートすること，お客さまの取り組みを社会全体の大きな動きに結び付けていくことに取り組んでおります。

　しかしながら，これらのサステナビリティに関する取組みが奏功せず不十分である場合，SXの実現に向けた社会的要請に十分に応えられず，当グループの業務運営や業績，財務状況に悪影響を及ぼす可能性があります。

　詳細は「2 サステナビリティに関する考え方及び取組 (1) サステナビリティへの対応 (全般) ③リスク管理」をご参照ください。

○気候変動が及ぼす財務影響

　気候変動による財務影響は，最大の資産である貸出金にあらわれる可能性が高く，お客さまの機会とリスクが，貸出金を通じて当グループの機会とリスクにつながっていると認識しております。そのため，気候変動への取組みが不十分である場合，当グループの財務状況に悪影響を及ぼす可能性があります。

　詳細は「2 サステナビリティに関する考え方及び取組 (2) サステナビリティへの対応 (個別テーマ) 〔気候変動〕③リスク管理」をご参照ください。

○人財に関するリスク

　当グループは，銀行業務を中心に高度な専門性を必要とする業務を行っておりますが，デジタル化やIT化への対応，お客さまへの高度なソリューションの提供等のため，従来以上に高度な専門性と遵法意識を持った人財を確保する必要があります。

　こういった人財が確保できない場合や人財の一斉流出等が発生した場合，ないしは最適な人的資源配賦ができない場合，当グループの業務運営や業績，財務状況に悪影響を及ぼす可能性があります。詳細は「2 サステナビリティに関する考え方及び取組 (2) サステナビリティへの対応 (個別テーマ) 〔人的資本〕③リスク管理」をご参照ください。

②　各種法規制や政策変更等に伴う収益構造変化 (収益性低下) 等

　当グループは，現時点の規制・制度に則って業務を遂行しております。したがって，今後予定されている会計基準の変更，様々な金融規制改革の適用や政府の方

針，実務慣行及び解釈に係る変更等のうち，当グループのコントロールが及ばない事態が発生した場合には，当グループの業務運営や業績，財務状況，自己資本比率に悪影響を及ぼす可能性があります。

自己資本規制の強化に関して，2024年3月末から適用されるバーゼル3最終化によって当グループの自己資本比率が低下する可能性があります。規制適用開始に向けて自己資本管理部署が中心となって態勢整備を進めており，経営陣の関与のもと適切に対応する体制となっております。

会計基準の変更に関して，現在，当グループの会計基準は日本基準を採用しておりますが，将来のIFRSの適用に備え，影響度の調査や課題の洗出等の取り組みを実施しております。適用時期については未定でありますが，適用時には，当グループの業務運営や業績，財務状況，自己資本比率に悪影響を及ぼす可能性があります。影響度や課題については財務部門が中心となって経営陣に報告を行い，経営陣の関与のもと適切に対応する体制となっております。

LIBORの公表停止に関して，当グループは着実に後継金利への移行を進めておりますが，国内外の金融規制当局の指針や市場慣行の変化等により，当グループのコントロールが及ばない事態が発生した場合には，当グループの業務運営や業績，財務状況に悪影響を及ぼす可能性があります。

当グループではグループ横断的なワーキンググループを通じた準備を行っており，国内外の動向や対応状況について経営陣に報告を行い，経営陣の関与の下で適切に対応する体制を整えております。

○自己資本比率規制

当社及び国内銀行持株会社は連結自己資本比率を，国内グループ銀行は連結自己資本比率及び単体自己資本比率を4％以上に維持する必要があります。

当社並びに国内銀行持株会社及び国内グループ銀行の自己資本比率は，本「事業等のリスク」に記載する各種リスクの顕在化等を主な要因として低下する可能性があり，その場合は，資金調達コストの上昇などにより，当グループの業務運営や業績，財務状況に悪影響を及ぼす可能性があります。仮に上記の自己資本比率が基準値の4％を下回った場合には，早期是正措置により，金融庁長官から業務の全部または一部停止等を含む様々な命令を受けることとなり，その結果，当

グループの業務運営や業績，財務状況に著しい悪影響を及ぼす可能性があります。

　当社では，業務の健全性及び適切性を確保し，質・量ともに十分な自己資本を維持するとともに，自己資本管理を有効に機能させることを目的として「グループ自己資本管理の基本方針」を制定し，当グループの直面するリスクに見合った十分な自己資本及び自己資本比率の確保に努めております。

③　与信費用の増加

　当グループの与信ポートフォリオにおいては，中堅・中小企業向け貸出金や，住宅ローンを中心とした個人向け貸出金が大きな割合を占めており，与信の小口分散が図られております。しかしながら，以下に記載している与信集中や景気動向，担保価格の下落，融資先の経営状況等によっては，想定の範囲を超える償却・引当を余儀なくされ，当グループの業績，財務状況及び自己資本の状況に悪影響を及ぼす可能性があります。

　当グループでは，貸出資産の劣化に対する予兆管理やリスク分散に向けた取り組みを進め，信用リスク管理体制の強化を図っております。また，不良債権については，正確な自己査定に基づき，十分な水準の財務上の手当てを行っております。

○大口与信集中によるリスク

　大口先に対する与信集中リスクについては，当グループの経営に対して重大な影響を及ぼす可能性があることを踏まえ，各グループ銀行等では，クレジットシーリング制度を定め，与信集中の防止を図っております。同制度では，各社がその体力に応じて金額上限を設定し，原則として，一取引先への与信額がこれを超過しない仕組みとしており，定期的に運用状況をモニタリングしております。

○特定業種への与信集中リスク

　特定の業種等に与信が集中することにより，景気や経済の構造的な変動等が生じた際，それら特定分野の業績や資産価格が影響を受け，当グループの不良債権や与信費用が増加する可能性があります。

　こういった事態を未然に防止するため，各グループ銀行等において特定の業種の与信残高に一定の協議ポイントを設定する等により，業種集中リスクコントロールに努めております。

○与信費用の主な増加要因

・融資先の業況悪化等

　融資先を取り巻く環境変化（景気の悪化，産業構造や消費者志向の変化，人手不足，各種感染症の拡大，地政学リスクの顕在化，気候変動等）により，信用状態が悪化する融資先が増加したり，貸出条件の変更や金融支援を求められたりすることなどにより，当グループの与信費用が増加する可能性があります。

・地域経済の悪化等

　当グループは東京都・埼玉県を主とした首都圏と大阪府を主とした関西圏を主要な営業基盤としており，これらの地域の経済状態が低迷した場合や，大規模な自然災害（震災，風水害等），各種感染症等が発生した場合は，融資先の信用状態の悪化，不動産担保価値の下落等により，当グループの与信費用が増加する可能性があります。

・融資先等企業の存立を揺るがすガバナンスの欠如

　不正会計（粉飾決算），融資書類の偽造や資金使途の偽装，建築施工不良，会社の私物化，商品の不適切販売等，企業のガバナンス欠如等に伴う問題が発生しております。これらにより，融資先の信頼性の著しい失墜あるいは企業の存立を揺るがす事態が生じた場合，当グループの与信費用が増加する可能性があります。

④　保有有価証券の評価損益悪化

○市場業務に関するリスク

　当グループでは，デリバティブ取引を含む相場変動を伴う金融商品を取扱うトレーディング業務や国債を中心とした円建債券，外国通貨建債券及び株式投資信託，公社債投資信託，不動産投資信託等への投資運用業務を行っております。

　これらの業務は，市場金利，為替レート，株価，債券価格等の変動により悪影響を被る可能性があります。たとえば，国内外の市場金利が上昇した場合には当グループが保有する円建債券や外国通貨建債券をはじめとする債券ポートフォリオの価値が下落することによって想定以上の評価損や実現損失が発生し，当グループの業績，財務状況に悪影響を及ぼす可能性があります。

　また，投資対象商品に係る需給の悪化により市場流動性が急速に悪化した場合

や裏付資産が大幅に劣化した場合には，保有する投資対象商品の価値が下落することによって想定以上の評価損や実現損失が発生し，当グループの業績，財務状況に悪影響を及ぼす可能性があります。

市場金利の上昇，株価や為替レートの変動が生じるケースとしては，例えば日本銀行による「長短金利操作付き量的・質的金融緩和」の解除や修正観測，米国の金融政策の変更，要人の発言，地政学リスクの顕在化，大規模なシステム障害や自然災害，各種感染症の発生等が想定しえます。

これらのリスクに対応するため，当グループでは，経営体力に見合ったリスク限度や損失限度等を設定した上で当該限度等への接近時や抵触時の対応を定める等，厳格なリスク管理体制を整備し，各種ヘッジ取引等を含め適切なリスクコントロールを行っております。また，新規取扱商品の選定に際しては，当該商品のリスク特性を認識・把握し，リスク特性に応じた管理体制の構築に努めております。

・外国為替相場変動に伴うリスク

　　当グループは，資産・負債の一部を外国通貨建で保有しており，外国為替相場の変動によって為替差損が発生した場合は，当グループの業績，財務状況に悪影響を及ぼす可能性があります。

　　これら外国通貨建資産・負債は，相互の相殺あるいは必要に応じた適切なヘッジによりリスクコントロールを行っております。

○政策保有株式に伴うリスク

政策保有株式には，株式相場の価格変動や個社別の業績見通し等の影響等を受け，その時価が変動する価格変動リスクがあります。政策保有株式の時価が下落した場合，評価損や減損が生じ，当グループの業績，財務状況に悪影響を及ぼす可能性があります。

当グループは，公的資金による資本増強以降，政策保有株式残高を圧縮し，価格変動リスクの低減に努めてまいりました。引き続き，保有継続の是非については，中長期的な取引展望の実現可能性を含むリスク・リターンの観点や，経営・財務戦略を考慮した上で，個別銘柄毎に検証し，判断してまいります。今後もお客さまとの丁寧な対話を通じて，削減に努めてまいります。

○ビジネス戦略

　当社及び当グループでは「リテールNo.1」のサービスグループを目指し，「資産・事業承継ビジネス」，「資産形成サポートビジネス」，「中小企業貸出・国際ビジネス」，「個人向けローンビジネス」，「決済ビジネス」等への取り組みを強化することで，長期安定的な収益基盤の構築を目指しております。

　また，国債を中心とした円建債券，外国通貨建債券及び投資信託等への投資運用業務を行っております。

⑤　外貨資金調達の不安定化

○資金調達・流動性に関するリスク

　当グループは，お客さまからの預金や市場からの調達等により資金調達を行い，貸出金や有価証券の運用等を行っております。

　今後，外部環境の変化（急激な景気の悪化，大規模な金融システム不安の発生等）や，当グループに対する評価の悪化（業績悪化等に伴う格下げ・株価下落，風評の発生等）が生じた場合には，預金の流出や市場調達金利の上昇などにより，想定を上回るコスト・損失が生じる，あるいは資金繰り運営に支障が生じる可能性があります。その結果，当グループの業務運営や業績，財務状況に悪影響を及ぼす可能性があります。

　国内外の経済・金融情勢が大きく変化する中，当グループは，お客さまの海外進出や資金調達等を継続的に支援していくことが重要と考えており，外貨については国内での業務が主体である当グループにとっては資金調達手段が限定されていることから，外部環境や当グループの資金繰りの状況等を常時モニタリングしながら，外貨運用・調達のバランスを意識した厳格な管理を行うとともに，緊急時に利用可能な他の金融機関との外貨資金調達ファシリティを設定する等，外貨流動性リスクの低減に努めております。

　なお，円貨については，日銀当座預金や有価証券等の資金化可能な資産を充分に確保しております。また，SNS等についても常時モニタリングを行っております。

　・格付低下のリスク

　　当社及び各グループ銀行等は，格付機関から格付を取得しております。

格付の水準は，当グループから格付機関に提供する情報のほか，格付機関が独自に収集した情報に基づいて付与されているため，常に格付機関による見直しがなされる可能性があります。また，当社及び各グループ銀行等の格付は，本「事業等のリスク」に記載する様々な要因，その他日本国債の格付や日本の金融システム全体に対する評価等が単独または複合的に影響することによって低下する可能性があります。

　仮に格付が引き下げられた場合には，資金調達コストの上昇や必要な資金を市場から確保できず資金繰りが困難になる可能性があります。その結果，当グループの業務運営や業績，財務状況に悪影響を及ぼす可能性があります。

　当グループでは，収益力増強策や財務の健全性向上策等の諸施策に取り組み，格付の維持・向上に努めております。

⑥　重要拠点や委託先での重大インシデント発生による業務停止等

　当グループでは，預金，為替，融資などの業務を行う勘定系システムや営業支援，経営管理，リスク管理等を行う情報系システムなど様々なコンピュータシステムやITに関する外部サービスを使用しております。

　これらのシステムがダウンまたは誤作動した場合等システムに不備が生じた場合やシステムが不正に使用された場合には，当グループの業務停止，お客さま情報の漏えい，インターネットバンキングを通じたお客さま預金の不正送金・不正引出し，Webサイト及び各種データの改竄等の被害が生じ，業務の復旧に要するコスト，被害を受けたお客さまへの補償，システムセキュリティ強化にかかるコストの増大等により，当グループの業務運営や業績，財務状況に悪影響を及ぼす可能性があります。

　当グループは，システムに関する障害・不備，不正等により顕在化するリスクは経営基盤を揺るがしかねないリスクとなる可能性もあるとの認識のもと，システムに関する障害・不備防止対策，不正防止対策等のリスク管理の基準を定め適切な管理体制を整備するとともに，システム障害を想定したコンティンジェンシープランを整備することにより，これらシステムリスクの軽減に努めております。

○サイバー攻撃

　サイバー攻撃を起因としたセキュリティインシデントには，DoS・DDoS攻撃，

マルウェア感染，標的型攻撃，Webサイト改竄，不正アクセスなどがあります。サイバー攻撃は年々巧妙化しており，継続的な対策を実施する必要があります。

当グループ（当グループが業務を委託している先を含みます）がサイバー攻撃を受けた場合，当グループの業務停止，お客さま情報の漏えい，インターネットバンキングを通じたお客さま預金の不正送金・不正引出し，Webサイト及び各種データの改竄等の被害が生じ，業務の復旧に要するコスト，被害を受けたお客さまへの補償，システムセキュリティ強化にかかるコストの増大等により，当グループの業務運営や業績，財務状況に悪影響を及ぼす可能性があります。

当グループでは，サイバー攻撃への対応を経営の最重要課題の1つとして位置づけ，経営会議・取締役会等での議論・検証のもと，サイバー攻撃対策を推進しております。サイバー攻撃に備えて平時・有事の活動を行う専担部署（Resona-CSIRT）を設置し，サイバー攻撃に関する情報収集・分析，手続・マニュアル整備を行うとともに，定期的な演習・訓練の実施，コンティンジェンシープランの見直しを実施しております。

○外部委託等に関するリスク

当グループは，銀行業務を中心とした様々な業務の外部委託（外部委託先が再委託を行っている場合や外部委託先がサービスの提供を受けている場合を含みます）を行っております。

委託先（再委託先やサービスの提供を行っている先を含みます）が，システム障害の発生やサイバー攻撃を受けた場合等，委託業務遂行に支障をきたしたり，お客さまの情報等の重要な情報を漏えいした場合等には，当グループの業務運営にも支障をきたす可能性がある他，被害を受けたお客さまへの補償等が必要となったり，当グループの信用が低下・失墜することにより，業績，財務状況に悪影響を及ぼす可能性があります。

当グループはこれらの悪影響を未然に防止するため，業務の外部委託を行うに際しては，業務委託を行うことの妥当性検証，委託先の適格性検証，委託先における情報管理体制の確認・検証，委託期間中の継続的な委託先管理，問題発生時の対応策策定等，体制整備に努めております。

⑦　法令・コンプライアンス違反による業務停止等

当グループは，銀行法，会社法，金融商品取引法等の各種法令諸規則等に基づいて業務を行っております。役員及び従業員が法令諸規則等を遵守しなかった場合や，役員及び従業員による不正行為等が行われた場合には，行政処分や罰則を受けたり，お客さまからの信頼を失墜したりすること等により当グループの業務運営や業績，財務状況に悪影響を及ぼす可能性があります。

　当グループでは法令諸規則等を遵守すべく，役員及び従業員に対する法令等遵守の徹底や不正行為等の未然防止に向けた体制整備を行うとともに，研修の実施等により全社的なコンプライアンス意識の向上に努めております。

○役員・従業員の不正・不祥事に伴うリスク

　近年の人口減少や異業種参入等に伴う競争激化，営業現場のプレッシャー増加やガバナンス不全など理由は様々考えられますが，各種ハラスメント，不正会計（粉飾決算），お客さま預金の着服，融資審査書類の偽造への関与，会社の資金使い込み・会社の私物化，取引業者等からの不適切な金銭受領，商品の不適切販売等，企業の役職員の不祥事等が報じられています。

　役員・従業員の不正・不祥事が生じた場合には，お客さまへの補償や当社の信用失墜等により，当グループの業務運営，財務状況に悪影響を及ぼす可能性があります。

　当グループでは，役職員の行動指針である『りそなSTANDARD／関西みらいSTANDARD』や腐敗防止への姿勢を明確化した「グループ腐敗防止方針」を定め，役職員に周知・徹底し，定期的な研修を実施することで企業倫理の向上に努めています。また，不正・不祥事の発生状況を定期的に把握し，リスクの所在及び原因・性質を総合的に分析することにより，その結果を再発防止策ならびにリスク軽減策の策定に活用しております。

○マネー・ローンダリング及びテロ資金供与対策上の不備に係るリスク

　マネー・ローンダリング，テロ資金供与の脅威や，国内法や海外規制などの枠組みは常に変化しております。当グループの管理態勢が不十分となった場合，犯罪者の標的になる可能性が高まり，更なる対策強化に伴う想定外のコストの発生，コルレス契約の解除による海外送金業務等の一部停止，制裁金等の行政処分，風評悪化等により，当グループの業務運営や業績，財務状況に悪影響を及ぼす可能

性があります。

　当グループは，マネー・ローンダリング，テロ資金供与，経済制裁規制等への対応を経営上の最重要課題のひとつとして位置付け，対策について方針を明確化し，組織体制を整備するとともに，役員・従業員に対する研修や人事制度の整備によって人財を確保し，リスクの低減に努めております。

○情報漏えいに関するリスク

　当グループは，お客さまの情報をはじめとした膨大な情報を保有しており，各種法令諸規則等に基づく適切な取扱いに努めております。しかしながら，人為的ミス，内部不正，外部犯罪等によりお客さまの情報等の重要な情報が漏えいした場合は，被害を受けたお客さまへの補償等が必要となったり，当グループの信用が低下・失墜することにより，業務運営や業績，財務状況に悪影響を及ぼす可能性があります。また，将来的にセキュリティ対策のためのコストが増加する可能性があります。

　当グループは，情報管理に関する方針・規程等の策定，社員教育，システムセキュリティ対策等を行い，情報漏えいの防止に努めております。

○個人情報の保護，利活用等に関するリスク

　当グループは，お客さまからお預かりしている情報について適切な保護を図り，安心してお取引いただけるよう努めております。しかしながら，法令違反等，個人情報の不適切な利活用を行った場合は，当グループの信用が低下・失墜することにより，業務運営や業績，財務状況に悪影響を及ぼす可能性があります。

　個人情報の利活用に関しては，個人情報保護法等の法令遵守に努め，法令等で認められている場合を除き，当社が公表している利用目的の範囲でのみ取扱うとともに，その利活用が個人情報の提供者に対し不利益とならないよう慎重に行うことに加え，社会通念や道徳的な見地から適切であるかを十分検討することとしております。

⑧　自然災害の発生による業務停止等

　当グループは，多くの店舗・システムセンター等の施設において業務を行っておりますが，これらの施設は，地震，風水害等の自然災害，停電，テロ等による被害を受け，業務が停止する可能性があります。また，各種感染症の流行により，

当グループの業務を一部縮小したり，停止せざるを得なくなるなど業務運営に悪影響を及ぼす可能性があります。

　当グループは，不測の事態に備えた業務継続に係るマニュアルを整備するとともに，マニュアルに基づき訓練等を実施しております。

(2) その他の主要なリスク

① ビジネス戦略毎の固有リスク

○資産・事業承継ビジネス，資産形成サポートビジネス

　・信託業務に係る受託者責任リスク

　　当グループがお客さまに提供する多様なソリューションの中には，年金運用で培った資産運用力や資産運用会社を傘下に抱える強みを活かした投資信託やファンドラップといったお客さまの資産形成をサポートする商品・サービスや，遺言信託や資産承継信託，自社株承継信託といったお客さまの円滑な資産・事業承継をサポートする商品・サービスがあります。これらのうち，信託業務の受託において，受託者として果たすべき忠実義務・善管注意義務等の責任の履行を怠ったことにより，現在及び将来においてその責任を問われる可能性や，委託者の信頼を失い，現在受託している，或いは今後受託を予定していた取引を失う可能性があります。

　　このようなことがないよう，信託業務に関する高い専門性を持つ人財の確保・育成とともに，コンプライアンス意識の向上に努めております。

○個人向けローンビジネス

　・一部の不動産関連業者等による法令違反行為・不正行為

　　昨今，住宅やアパート・マンション等の不動産取得にかかるローンの申し込み手続きに関連して，金融機関へのお客さま紹介を行う一部の不動産関連業者等による，コンプライアンス意識の欠如などを背景とした，次のような法令違反行為・不正行為が取り沙汰されております。

　　収入証明書（例：源泉徴収票，課税証明書など）の偽造・改竄

　　預金残高の水増し・改竄

　　他人の預金通帳の流用

(point) **対処すべき課題**

　　有報のなかで最も重要であり注目すべき項目。今，事業のなかで何かしら問題があればそれに対してどんな対策があるのか，上手くいっている部分をどう伸ばしていくのかなどの重要なヒントを得ることができる。また今後の成長に向けた技術開発の方向性や，新規事業の戦略についての理解を深めることができる。

不動産の売買金額を水増しするなど，売買契約書の偽造・改竄

不動産投資目的の借入を住宅ローンとして虚偽申込

当グループでは，お客さまが法令違反行為・不正行為に巻き込まれることを防ぐため，更には，法令違反行為・不正行為による住宅ローンのリスク削減のため，このような行為に対して，法的措置を含めた厳格な対応を実施しております。

○決済ビジネス

・加盟店向けサービス提供におけるリスク

当グループでは，「りそなキャッシュレス・プラットフォーム」において，クレジットカード等のキャッシュレス決済を可能とする加盟店向けのサービスを提供しておりますが，悪質加盟店の是正・排除，クレジットカード番号の適切な管理，不正使用の防止のために必要な加盟店調査および調査結果に基づく必要な措置を行わなかった場合には，法令等に基づき行政処分等を受ける可能性があります。

また，加盟店における利用者等の保護に欠ける行為，クレジットカード情報の漏えい，不正使用等が発生した場合には，当グループのレピュテーショナルリスクが顕在化し，業績に影響を及ぼす可能性があります。

当グループでは，こうしたリスクの低減に向け，加盟店契約時の厳正な審査，適切な加盟店調査・管理を行うために必要な社内体制の整備に努めております。

② 金融犯罪の発生に伴うリスク

金融犯罪の手口は巧妙化・複雑化しており，想定の範囲を超える大規模な金融犯罪が発生した場合は，その対策に伴うコストや被害を受けたお客さまへの補償等により，当グループの業務運営や業績，財務状況に悪影響を及ぼす可能性があります。

当グループでは，本人確認や取引時確認の強化等によって，不正利用口座の開設防止や偽造・盗難カードによる支払防止に取り組むとともに，カード，インターネットバンキングサービス，各種スマートフォンアプリのセキュリティを強化しております。また，振り込め詐欺等の特殊詐欺に対しては，店頭・ATMコーナーでのお声かけやポスター，ウェブサイト，ATMの画面や音声等を通じたお客さま

への注意喚起を強化するとともに，警察と連携し，被害防止に取り組んでおります。

③　役員・従業員の事務過誤に伴うリスク

　当グループは，預金・為替・貸出・信託・証券等の幅広い業務を行っております。これらの業務は，役員及び従業員が正確な事務を怠る，あるいは事故等を起こすこと等の事務リスクに晒されております。

　事務リスクを防止するために，業務プロセスや事務処理に関して，手続きの見直し・集中処理化・システム化を推進するとともに，教育・研修を継続的に行っております。

　更に，事務過誤の発生状況を定期的に把握し，事務リスクの所在及び原因・性質を総合的に分析することにより，その結果を再発防止策ならびにリスク軽減策の策定に活用しております。

④　レピュテーショナルリスク

　レピュテーショナルリスクとは，「マスコミ報道，評判・風説・風評等がきっかけとなり，損失を被るリスク」をいいます。レピュテーショナルリスクは，各種リスクとの連鎖性を有しており，顕在化した場合には，信用の失墜，株価の下落，取引先の減少，ブランドの毀損等，予想を超えた不利益を被る可能性があります。

　当グループでは，レピュテーショナルリスクを経営上の重要なリスクの一つと位置付け，適時適切な情報開示等により信頼の維持・向上を図り，リスク顕在化の未然防止に努めております。具体的には，インターネット上の風説やマスコミによる憶測記事等，各種媒体等の確認を通じてリスク顕在化事象の早期把握に努めております。また，当グループ各社ならびに従業員のソーシャルメディア利用によるレピュテーショナルリスク発現の未然防止のため，「ソーシャルメディアポリシー」を制定しております。

　レピュテーショナルリスクが顕在化した際には，迅速かつ適切な対応により当グループのステークホルダー（株主，お客さま，社員等）の利益を守り，影響の拡大防止に努めることとしております。当グループの経営に影響を及ぼす可能性があり，危機の程度が高い場合には，速やかに危機管理体制へ移行いたします。

　なお，対外的なお問合せおよび公表窓口については，情報を集約するため，り

そなホールディングスに一元化し，関西みらいフィナンシャルグループと連携して行う体制としております。

⑤　重要な訴訟発生に伴うリスク

　過去または今後の事業活動に関して当グループ各社に対し多額の損害賠償請求訴訟等を提起された場合など，その訴訟の帰趨によっては当グループの業績，財務状況に悪影響を及ぼす可能性があります。

　当社は，当グループ全体の訴訟について一元的に管理を行い，グループの法務リスクの極小化に努めております。

　なお，現在，当グループには大口の損失や業務の制限等に繋がりかねない重要な訴訟はありません。

3　経営者による財政状態，経営成績及びキャッシュ・フローの状況の分析

（1）　経営成績等の状況の概要 ···

　当連結会計年度における財政状態，経営成績及びキャッシュ・フローの状況は次のとおりであります。

（金融経済環境）

　当連結会計年度の日本経済は，新型コロナウイルス感染症への対応と社会経済活動の両立が進む中，総じて持ち直しの動きとなりました。個人消費は物価上昇の影響を受けつつも緩やかな増加基調となりました。生産や輸出は供給制約の緩和により回復する場面もありましたが，年度末にかけては海外経済減速の影響を受け弱含みとなりました。消費者物価指数は，生鮮食品を除く総合指数において，エネルギーや食料品等の価格上昇により1月に前年比+4.3%のピークをつけましたが，2月以降は政府の電気・ガス価格激変緩和対策により上昇率は鈍化しました。

　海外経済は総じて回復基調となったものの，夏場以降は回復ペースが鈍化し一部で弱さがみられました。米国経済は緩やかな回復基調が続き，雇用情勢について堅調に推移した一方で，高インフレやFRBの金融引締めの影響等から製造業景況感や住宅市況には悪化がみられました。欧州経済は減速感が強まる場面もありましたが，年度末にかけエネルギー価格が下落すると減速基調は一服し，景気は

(point) **事業等のリスク**

　「対処すべき課題」の次に重要な項目。新規参入により長期的に価格競争が激しくなり企業の体力が奪われるようなことがあるため，その事業がどの程度参入障壁が高く安定したビジネスなのかなど考えるきっかけになる。また，規制や法律，訴訟なども企業によっては大きな問題になる可能性があるため，注意深く読む必要がある。

底堅く推移しました。中国経済は新型コロナウイルスの感染者数の急増により停滞する場面もありましたが，年度末にかけては感染状況の落ち着きとゼロコロナ政策の転換により急回復しました。

　金融市場では，インフレ高進により主要国で大幅な利上げが実施され，振れの激しい展開となりました。また年度末には米国地方銀行の破綻や欧州大手金融機関の救済合併を受けた金融不安から，リスク回避姿勢が強まりました。NYダウは9月末にかけて下落し一時3万ドルを割り込んだものの，その後は持ち直し11月以降は概ね3万2,000〜3万4,000ドル台のレンジで推移しました。日経平均株価はグローバル経済の先行きに対する懸念が重石となる一方で円安進行による輸出企業業績への期待が下支えとなり，2万円台後半のレンジで上下する動きとなりました。米国長期金利はFRBの利上げ見通しが高まるなかで10月下旬に4.2％台のピークをつけたものの，その後はレンジを切り下げ3月に金融不安から一時3.3％を割り込みました。日本長期金利は日本銀行による長期金利誘導レンジ上限である0.25％付近で推移していましたが，12月の金融政策決定会合で誘導レンジが上下0.5％に拡大されると上限の0.5％近辺まで上昇し，その後年度末にかけては米国金利低下等を受けて0.3％台の水準にレンジを切り下げました。ドル円は日米金利格差の拡大等を背景に上昇し，10月に約32年ぶりの150円台に乗せたものの，その後は政府・日本銀行により為替介入が実施されたほか，米国金利低下や日銀による金融政策の修正の思惑から下落し，一時130円割れの水準となりました。

（業績）
　業務粗利益は6,000億円と前連結会計年度比18億円減少しました。資金利益は，前連結会計年度比98億円減少して4,193億円となりました。資金利益のうち国内預貸金利益は貸出金利回りの低下により減少しましたが，貸出金の平残は増加しました。信託報酬と役務取引等利益を合わせたフィー収益は，保険販売，不動産等の承継関連業務及び決済関連業務等に係る収益が牽引し前連結会計年度比3億円増加の2,086億円となりました。有価証券ポートフォリオの健全化実施等により債券関係損益が損失となりましたが，その損失額は前連結会計年度比

減少し，その他業務利益は前連結会計年度比77億円改善して309億円の損失となりました。経費（除く銀行臨時処理分）は，4,047億円と前連結会計年度比116億円減少しました。内訳では人件費は47億円，物件費は45億円減少しました。これらにより実質業務純益は，1,957億円と前連結会計年度比96億円増加しました。コア収益（*）は1,381億円と前連結会計年度比81億円増加しました。株式等関係損益は政策保有株式売却益の積上げ等により，前連結会計年度比85億円増加して541億円となりました。与信費用は前連結会計年度比427億円減少し159億円となりました。税金費用を加味して，親会社株主に帰属する当期純利益は前連結会計年度比504億円増加して，1,604億円となりました。

　なお，1株当たり当期純利益は67円49銭となっております。

　当社（単体）の経営成績については，営業収益はグループ会社からの受取配当金の増加等により，前事業年度比11億円増加して611億円，経常利益は前事業年度比25億円増加して549億円となり，当期純利益は前事業年度比24億円増加して553億円となりました。

　財政状態については，連結総資産は前連結会計年度末比3兆3,423億円減少して74兆8,127億円となりました。資産の部では，貸出金は前連結会計年度末比1兆7,593億円増加して41兆3,572億円となりました。有価証券は地方債等の増加により前連結会計年度末比6,536億円増加して8兆3,862億円に，現金預け金は主に日銀預け金の減少により前連結会計年度末比5兆6,078億円減少して22兆3,915億円となりました。負債の部は前連結会計年度末比3兆4,173億円減少して72兆2,786億円となりました。そのうち預金は前連結会計年度末比9,766億円増加して61兆8,986億円に，コール

　マネー及び売渡手形は前連結会計年度末比1,489億円減少して1兆1,746億円に，債券貸借取引受入担保金は前連結会

　計年度末比1兆4,814億円増加して，2兆2,857億円に，借用金は主に日銀借入金の減少により前連結会計年度末比5兆5,168億円減少して3兆6,179億円となりました。純資産の部では，その他有価証券評価差額金は減少しましたが，利益剰余金の増加等により前連結会計年度末比750億円増加の2兆5,340億円となりました。また，信託財産は前連結会計年度末比2兆9,667億円減少して28

兆8,744億円となりました。

(*)国内預貸金利益＋連結フィー収益＋経費　なお，1株当たり純資産は，1,065円31銭となっております。　連結自己資本比率（国内基準）は12.48％となりました。

個人部門は，業務粗利益が前連結会計年度比90億円増加し1,887億円となりました。経費，与信費用ともに減少して与信費用控除後業務純益は142億円増加し362億円となりました。

法人部門は，不動産業務や決済関連業務等が順調に推移し，業務粗利益は前連結会計年度比57億円増加の2,887億円となりました。また，与信費用が減少して，与信費用控除後業務純益は435億円増加の1,251億円となりました。

市場部門は，有価証券ポートフォリオの健全化を進めたこと等により，業務粗利益が前連結会計年度比36億円減少し16億円の損失に，与信費用控除後業務純益は64億円の損失となりました。

「関西みらいフィナンシャルグループ」は，業務粗利益が前連結会計年度比107億円減少して1,359億円となりました。与信費用は減少しましたが，与信費用控除後業務純益は前連結会計年度比21億円減少して308億円となりました。

（キャッシュ・フロー）

当連結会計年度の営業活動によるキャッシュ・フローは，5兆2,075億円の支出となりました。これは貸出金の増加や日銀借入金を主とする借用金が減少したこと等によるものです。前連結会計年度比では9兆985億円の減少となりました。

投資活動によるキャッシュ・フローは，3,903億円の支出となりました。これは有価証券の取得による支出が，有価証券の売却及び償還による収入を上回ったこと等によるものです。前連結会計年度比では5,356億円の支出の減少となりました。

財務活動によるキャッシュ・フローは，640億円の支出となりました。これは配当金の支払及び自己株式の取得等によるものです。前連結会計年度比では1,062億円の支出の減少となりました。

これらの結果，現金及び現金同等物の当連結会計年度末残高は，期首残高に

比べ5兆6,619億円減少して22兆2,575億円となりました。

　当グループの中核事業は銀行業であり，主に首都圏や関西圏のお客さまから預入れいただいた預金を貸出金や有価証券で運用しております。

　なお，当面の店舗・システム等への設備投資，並びに株主還元等は自己資金で対応する予定であります。

(参考)

(1)　国内・海外別収支 ………………………………………………

　当連結会計年度の資金運用収支は，国内では貸出金の平残は増加しましたが，貸出金利回りの低下等預貸金利益が減少したことにより前連結会計年度比110億円減少して4,138億円となりました。海外では主に貸出金利息の増加等により同比13億円増加して56億円となりました。合計（相殺消去後）では同比98億円減少して4,193億円となりました。

　信託報酬は同比7億円増加して216億円，特定取引収支は同比1億円減少して30億円となりました。なお，信託報酬及び特定取引収支はすべて国内で計上しております。

　また，役務取引等収支及びその他業務収支は国内がその大宗を占めており，それぞれ合計では同比4億円減少し1,870億円，同比77億円改善し309億円の損失となりました。国内のその他業務収支の改善は，主に有価証券ポートフォリオ健全化の実施等により，債券関係損益の損失が改善したことによるものです。

種類	期別	国内 金額(百万円)	海外 金額(百万円)	相殺消去額(△) 金額(百万円)	合計 金額(百万円)
資金運用収支	前連結会計年度	424,911	4,285	35	429,161
	当連結会計年度	413,862	5,635	138	419,359
うち資金運用収益	前連結会計年度	435,665	6,249	215	441,698
	当連結会計年度	452,119	7,548	553	459,114
うち資金調達費用	前連結会計年度	10,754	1,963	180	12,537
	当連結会計年度	38,256	1,912	414	39,754
信託報酬	前連結会計年度	20,834	—	—	20,834
	当連結会計年度	21,609	—	—	21,609
役務取引等収支	前連結会計年度	187,515	△40	△4	187,479
	当連結会計年度	187,054	△19	—	187,035
うち役務取引等収益	前連結会計年度	257,539	229	18	257,749
	当連結会計年度	259,157	238	—	259,395
うち役務取引等費用	前連結会計年度	70,023	270	23	70,269
	当連結会計年度	72,102	258	—	72,360
特定取引収支	前連結会計年度	3,214	—	—	3,214
	当連結会計年度	3,040	—	—	3,040
うち特定取引収益	前連結会計年度	3,485	—	—	3,485
	当連結会計年度	3,321	—	—	3,321
うち特定取引費用	前連結会計年度	271	—	—	271
	当連結会計年度	280	—	—	280
その他業務収支	前連結会計年度	△39,235	490	—	△38,745
	当連結会計年度	△31,498	518	—	△30,980
うちその他業務収益	前連結会計年度	47,303	490	—	47,793
	当連結会計年度	44,113	518	—	44,632
うちその他業務費用	前連結会計年度	86,539	—	—	86,539
	当連結会計年度	75,612	—	—	75,612

(注) 1 「国内」とは,当社及び国内連結子会社であります。また,「海外」とは,海外連結子会社であります。

2 「相殺消去額」は,連結会社間の取引その他連結上の調整であります。

3 資金調達費用は,金銭の信託運用見合額の利息を控除しております。

(2) 国内・海外別資金運用／調達の状況 ···

　当連結会計年度の資金運用勘定平均残高は,前連結会計年度比2,455億円減少して64兆5,541億円(相殺消去前)となりました。このうち国内は64兆3,705億円,海外は1,835億円となりました。資金運用勘定平均残高の減少は,主に貸出金の増加,日銀預け金の減少によるものです。資金調達勘定平均残高は,同比

1,213億円減少して71兆9,886億円（相殺消去前）となりました。このうち国内は71兆8,391億円，海外は1,495億円となりました。資金調達勘定平均残高の減少は，主に預金の増加，日銀借入金の減少によるものです。

　国内の貸出金平均残高は同比増加し，貸出金利回りが0.02ポイント減少しましたが，利息額は平均残高が増加したことにより同比増加となりました。資金運用勘定の利回りは，国内は同比0.02ポイント増加して0.70％，海外は同比0.31ポイント減少して4.11％，合計では同比0.03ポイント増加して0.71％となりました。資金調達勘定の利回りは，国内は同比0.03ポイント増加して0.05％，海外は同比0.39ポイント減少して1.27％，合計では同比0.04ポイント増加して0.05％となりました。

種類	期別	平均残高	利息	利回り
		金額(百万円)	金額(百万円)	(%)
資金運用勘定	前連結会計年度	64,658,414	435,665	0.67
	当連結会計年度	64,370,585	452,119	0.70
うち貸出金	前連結会計年度	38,986,180	347,068	0.89
	当連結会計年度	40,214,083	351,977	0.87
うち有価証券	前連結会計年度	7,360,300	55,648	0.75
	当連結会計年度	7,674,484	59,763	0.77
うちコールローン及び買入手形	前連結会計年度	278,148	164	0.05
	当連結会計年度	114,476	2,508	2.19
うち買現先勘定	前連結会計年度	—	—	—
	当連結会計年度	—	—	—
うち債券貸借取引支払保証金	前連結会計年度	—	—	—
	当連結会計年度	—	—	—
うち預け金	前連結会計年度	17,554,553	20,710	0.11
	当連結会計年度	15,702,113	21,359	0.13
資金調達勘定	前連結会計年度	71,992,210	10,754	0.01
	当連結会計年度	71,839,188	38,256	0.05
うち預金	前連結会計年度	58,456,407	5,927	0.01
	当連結会計年度	60,306,476	13,877	0.02
うち譲渡性預金	前連結会計年度	1,053,548	50	0.00
	当連結会計年度	981,272	48	0.00
うちコールマネー及び売渡手形	前連結会計年度	1,893,406	△289	△0.01
	当連結会計年度	1,678,720	3,683	0.21
うち売現先勘定	前連結会計年度	8,821	0	0.00
	当連結会計年度	9,728	0	0.00
うち債券貸借取引受入担保金	前連結会計年度	1,570,910	1,434	0.09
	当連結会計年度	1,816,831	14,330	0.78
うちコマーシャル・ペーパー	前連結会計年度	—	—	—
	当連結会計年度	—	—	—
うち借用金	前連結会計年度	7,648,820	503	0.00
	当連結会計年度	5,580,180	3,114	0.05

(注) 1 「国内」とは，当社及び国内連結子会社であります。

2 平均残高は，原則として日々の残高の平均に基づいて算出しておりますが，一部の国内連結子会社については，月末毎又は半年毎の残高に基づく平均残高を利用しております。

3 資金運用勘定は，無利息預け金の平均残高を，資金調達勘定は，金銭の信託運用見合額の平均残高及び利息をそれぞれ控除しております。

② 海外

種類	期別	平均残高 金額(百万円)	利息 金額(百万円)	利回り (%)
資金運用勘定	前連結会計年度	141,237	6,249	4.42
	当連結会計年度	183,557	7,548	4.11
うち貸出金	前連結会計年度	108,596	5,570	5.12
	当連結会計年度	136,985	6,385	4.66
うち有価証券	前連結会計年度	5,381	298	5.54
	当連結会計年度	6,926	376	5.44
うちコールローン 及び買入手形	前連結会計年度	17,926	334	1.86
	当連結会計年度	24,732	438	1.77
うち買現先勘定	前連結会計年度	—	—	—
	当連結会計年度	—	—	—
うち債券貸借取引 支払保証金	前連結会計年度	—	—	—
	当連結会計年度	2,090	305	14.62
うち預け金	前連結会計年度	2,566	16	0.65
	当連結会計年度	2,709	33	1.22
資金調達勘定	前連結会計年度	117,851	1,963	1.66
	当連結会計年度	149,504	1,912	1.27
うち預金	前連結会計年度	87,316	1,494	1.71
	当連結会計年度	98,268	1,298	1.32
うち譲渡性預金	前連結会計年度	—	—	—
	当連結会計年度	—	—	—
うちコールマネー 及び売渡手形	前連結会計年度	1,024	13	1.35
	当連結会計年度	1,268	29	2.32
うち売現先勘定	前連結会計年度	—	—	—
	当連結会計年度	—	—	—
うち債券貸借取引 受入担保金	前連結会計年度	—	—	—
	当連結会計年度	—	—	—
うちコマーシャル・ ペーパー	前連結会計年度	—	—	—
	当連結会計年度	—	—	—
うち借用金	前連結会計年度	29,107	450	1.54
	当連結会計年度	49,234	580	1.17

(注) 1 「海外」とは，海外連結子会社であります。

2 平均残高は，原則として日々の残高の平均に基づいて算出しておりますが，一部の海外連結子会社については，月末毎又は半年毎の残高に基づく平均残高を利用しております。

3 資金運用勘定は，無利息預け金の平均残高を，資金調達勘定は，金銭の信託運用見合額の平均残高及び利息をそれぞれ控除しております。

③ 合計

種類	期別	平均残高（百万円）			利息（百万円）			利回り（%）
		小計	相殺消去額（△）	合計	小計	相殺消去額（△）	合計	
資金運用勘定	前連結会計年度	64,799,652	62,082	64,737,570	441,914	215	441,698	0.68
	当連結会計年度	64,554,142	84,426	64,469,715	459,667	553	459,114	0.71
うち貸出金	前連結会計年度	39,094,777	24,750	39,070,026	352,638	184	352,454	0.90
	当連結会計年度	40,351,068	47,077	40,303,991	358,362	553	357,808	0.88
うち有価証券	前連結会計年度	7,365,682	37,248	7,328,433	55,947	31	55,916	0.76
	当連結会計年度	7,681,410	37,248	7,644,161	60,140	—	60,140	0.78
うちコールローン及び買入手形	前連結会計年度	296,074	—	296,074	498	—	498	0.16
	当連結会計年度	139,209	—	139,209	2,946	—	2,946	2.11
うち買現先勘定	前連結会計年度	—	—	—	—	—	—	—
	当連結会計年度	—	—	—	—	—	—	—
うち債券貸借取引支払保証金	前連結会計年度	—	—	—	—	—	—	—
	当連結会計年度	2,090	—	2,090	305	—	305	14.62
うち預け金	前連結会計年度	17,557,119	—	17,557,119	20,726	0	20,726	0.11
	当連結会計年度	15,704,823	—	15,704,823	21,392	—	21,392	0.13
資金調達勘定	前連結会計年度	72,110,061	24,052	72,086,009	12,717	180	12,537	0.01
	当連結会計年度	71,988,692	45,526	71,943,166	40,169	414	39,754	0.05
うち預金	前連結会計年度	58,543,724	—	58,543,724	7,422	0	7,422	0.01
	当連結会計年度	60,404,744	—	60,404,744	15,175	—	15,175	0.02
うち譲渡性預金	前連結会計年度	1,053,548	—	1,053,548	50	—	50	0.00
	当連結会計年度	981,272	—	981,272	48	—	48	0.00
うちコールマネー及び売渡手形	前連結会計年度	1,894,431	—	1,894,431	△276	—	△276	△0.01
	当連結会計年度	1,679,989	—	1,679,989	3,712	—	3,712	0.22
うち売現先勘定	前連結会計年度	8,821	—	8,821	0	—	0	0.00
	当連結会計年度	9,728	—	9,728	0	—	0	0.00
うち債券貸借取引受入担保金	前連結会計年度	1,570,910	—	1,570,910	1,434	—	1,434	0.09
	当連結会計年度	1,816,831	—	1,816,831	14,330	—	14,330	0.78
うちコマーシャル・ペーパー	前連結会計年度	—	—	—	—	—	—	—
	当連結会計年度	—	—	—	—	—	—	—
うち借用金	前連結会計年度	7,677,927	23,968	7,653,958	954	180	774	0.01
	当連結会計年度	5,629,414	45,425	5,583,988	3,694	414	3,280	0.05

（注）1　資金運用勘定は，無利息預け金の平均残高を，資金調達勘定は，金銭の信託運用見合額の平均残高及び利息をそれぞれ控除しております。

　　　2　「相殺消去額」は，連結会社間の取引その他連結上の調整であります。

(3) 国内・海外別役務取引の状況 ···

　当連結会計年度の役務取引等収益合計は前連結会計年度比16億円増加して2,593億円，役務取引等費用合計は同比20億円増加して723億円となり，役務取引等収支合計では同比4億円減少して1,870億円となりました。なお，国内が役務取引等収支の大宗を占めております。

　国内の役務取引等収益の主な増減要因は，代理業務に係る役務収益が同比46億円，信託関連業務に係る役務収益が同比31億円増加した一方，証券関連業務に係る役務収益が同比61億円，預金・貸出金業務に係る役務収益が同比35億円減少したこと等になります。

種類	期別	国内	海外	相殺消去額(△)	合計
		金額(百万円)	金額(百万円)	金額(百万円)	金額(百万円)
役務取引等収益	前連結会計年度	257,539	229	18	257,749
	当連結会計年度	259,157	238	—	259,395
うち預金・貸出業務	前連結会計年度	75,057	25	—	75,082
	当連結会計年度	71,471	27	—	71,499
うち為替業務	前連結会計年度	38,575	178	—	38,753
	当連結会計年度	36,989	208	—	37,198
うち信託関連業務	前連結会計年度	35,139	—	—	35,139
	当連結会計年度	38,320	—	—	38,320
うち証券関連業務	前連結会計年度	32,208	—	—	32,208
	当連結会計年度	26,012	—	—	26,012
うち代理業務	前連結会計年度	11,208	—	—	11,208
	当連結会計年度	15,818	—	—	15,818
うち保護預り・貸金庫業務	前連結会計年度	3,093	—	—	3,093
	当連結会計年度	2,977	—	—	2,977
うち保証業務	前連結会計年度	12,227	1	—	12,229
	当連結会計年度	11,220	1	—	11,222
役務取引等費用	前連結会計年度	70,023	270	23	70,269
	当連結会計年度	72,102	258	—	72,360
うち為替業務	前連結会計年度	7,729	—	—	7,729
	当連結会計年度	5,400	—	—	5,400

（注）1　「国内」とは，当社及び国内連結子会社であります。また，「海外」とは，海外連結子会社であります。
　　　2　「相殺消去額」は，連結会社間の取引その他連結上の調整であります。

(4) 国内・海外別特定取引の状況 ·······································

① 特定取引収益・費用の内訳

　当連結会計年度の特定取引収益は前連結会計年度比1億円減少して33億円，特定取引費用は同比ほぼ横ばいの2億円となりました。なお，特定取引収支はすべて国内で計上しております。

　主な内訳は，特定金融派生商品収益が同比2億円減少して31億円，その他の特定取引収益が同比1億円増加して1億円となりました。

種類	期別	国内 金額(百万円)	海外 金額(百万円)	相殺消去額(△) 金額(百万円)	合計 金額(百万円)
特定取引収益	前連結会計年度	3,485	—	—	3,485
	当連結会計年度	3,321	—	—	3,321
うち商品有価証券収益	前連結会計年度	—	—	—	—
	当連結会計年度	—	—	—	—
うち特定取引有価証券収益	前連結会計年度	—	—	—	—
	当連結会計年度	—	—	—	—
うち特定金融派生商品収益	前連結会計年度	3,460	—	—	3,460
	当連結会計年度	3,167	—	—	3,167
うちその他の特定取引収益	前連結会計年度	24	—	—	24
	当連結会計年度	154	—	—	154
特定取引費用	前連結会計年度	271	—	—	271
	当連結会計年度	280	—	—	280
うち商品有価証券費用	前連結会計年度	117	—	—	117
	当連結会計年度	174	—	—	174
うち特定取引有価証券費用	前連結会計年度	154	—	—	154
	当連結会計年度	106	—	—	106
うち特定金融派生商品費用	前連結会計年度	—	—	—	—
	当連結会計年度	—	—	—	—
うちその他の特定取引費用	前連結会計年度	—	—	—	—
	当連結会計年度	—	—	—	—

(注) 1 「国内」とは，当社及び国内連結子会社であります。また，「海外」とは，海外連結子会社であります。
　　 2 「相殺消去額」は，連結会社間の取引その他連結上の調整であります。

② 特定取引資産・負債の内訳（末残）

当連結会計年度末の特定取引資産は前連結会計年度末比163億円減少して2,219億円，特定取引負債は同比221億円増加して483億円となり，すべて国内で計上しております。

種類	期別	国内	海外	相殺消去額（△）	合計
		金額(百万円)	金額(百万円)	金額(百万円)	金額(百万円)
特定取引資産	前連結会計年度	238,340	—	—	238,340
	当連結会計年度	221,942	—	—	221,942
うち商品有価証券	前連結会計年度	8,862	—	—	8,862
	当連結会計年度	6,442	—	—	6,442
うち商品有価証券派生商品	前連結会計年度	—	—	—	—
	当連結会計年度	—	—	—	—
うち特定取引有価証券	前連結会計年度	—	—	—	—
	当連結会計年度	—	—	—	—
うち特定取引有価証券派生商品	前連結会計年度	—	—	—	—
	当連結会計年度	—	—	—	—
うち特定金融派生商品	前連結会計年度	46,312	—	—	46,312
	当連結会計年度	69,497	—	—	69,497
うちその他の特定取引資産	前連結会計年度	183,165	—	—	183,165
	当連結会計年度	146,003	—	—	146,003
特定取引負債	前連結会計年度	26,203	—	—	26,203
	当連結会計年度	48,310	—	—	48,310
うち売付商品債券	前連結会計年度	—	—	—	—
	当連結会計年度	—	—	—	—
うち商品有価証券派生商品	前連結会計年度	6	—	—	6
	当連結会計年度	57	—	—	57
うち特定取引売付債券	前連結会計年度	—	—	—	—
	当連結会計年度	—	—	—	—
うち特定取引有価証券派生商品	前連結会計年度	—	—	—	—
	当連結会計年度	—	—	—	—
うち特定金融派生商品	前連結会計年度	26,197	—	—	26,197
	当連結会計年度	48,252	—	—	48,252
うちその他の特定取引負債	前連結会計年度	—	—	—	—
	当連結会計年度	—	—	—	—

(注) 1 「国内」とは，当社及び国内連結子会社であります。また，「海外」とは，海外連結子会社であります。
　　 2 「相殺消去額」は，連結会社間の取引その他連結上の調整であります。

(point) 財政状態，経営成績及びキャッシュ・フローの状況の分析

「事業等の概要」の内容などをこの項目で詳しく説明している場合があるため，この項目も非常に重要。自社が事業を行っている市場は今後も成長するのか，それは世界のどの地域なのか，今社会の流れはどうなっていて，それに対して売上を伸ばすために何をしているのか，収益を左右する費用はなにか，などとても有益な情報が多い。

(5) 国内・海外別預金残高の状況 ··

○預金の種類別残高（末残）

種類	期別	国内 金額(百万円)	海外 金額(百万円)	相殺消去額(△) 金額(百万円)	合計 金額(百万円)
預金合計	前連結会計年度	60,824,473	97,563	—	60,922,036
	当連結会計年度	61,810,222	88,455	—	61,898,677
うち流動性預金	前連結会計年度	46,368,200	47,547	—	46,415,747
	当連結会計年度	47,925,824	46,775	—	47,972,599
うち定期性預金	前連結会計年度	13,188,859	50,015	—	13,238,875
	当連結会計年度	12,556,572	41,679	—	12,598,252
うちその他	前連結会計年度	1,267,413	—	—	1,267,413
	当連結会計年度	1,327,825	—	—	1,327,825
譲渡性預金	前連結会計年度	975,640	—	—	975,640
	当連結会計年度	898,140	—	—	898,140
総合計	前連結会計年度	61,800,113	97,563	—	61,897,676
	当連結会計年度	62,708,362	88,455	—	62,796,817

(注) 1　流動性預金＝当座預金＋普通預金＋貯蓄預金＋通知預金定期性預金＝定期預金＋定期積金」

　　　2　「国内」とは，当社及び国内連結子会社であります。また，「海外」とは，海外連結子会社であります。

　　　3　「相殺消去額」は，連結会社間の取引その他連結上の調整であります。

(6) 国内・海外別貸出金残高の状況 ···

① 業種別貸出状況（末残・構成比）

業種別	前連結会計年度		当連結会計年度	
	金額（百万円）	構成比（%）	金額（百万円）	構成比（%）
国内 （除く特別国際金融取引勘定分）	39,473,193	100.00	41,219,501	100.00
製造業	3,165,289	8.03	3,390,784	8.23
農業, 林業	19,172	0.05	19,143	0.05
漁業	1,226	0.00	1,834	0.00
鉱業, 採石業, 砂利採取業	13,314	0.03	13,047	0.03
建設業	976,922	2.47	998,400	2.42
電気・ガス・熱供給・水道業	417,215	1.06	462,195	1.12
情報通信業	425,877	1.08	401,668	0.97
運輸業, 郵便業	940,749	2.38	973,582	2.36
卸売業, 小売業	3,132,078	7.93	3,205,247	7.78
金融業, 保険業	913,218	2.31	979,787	2.38
不動産業	9,276,028	23.50	9,360,278	22.71
（うちアパート・マンションローン）	(3,171,638)	(8.03)	(3,066,473)	(7.44)
（うち不動産賃貸業）	(4,768,205)	(12.08)	(4,901,369)	(11.89)
物品賃貸業	432,581	1.10	463,731	1.13
各種サービス業	2,723,044	6.90	2,660,222	6.45
国, 地方公共団体	2,565,193	6.50	3,660,820	8.88
その他	14,471,280	36.66	14,628,757	35.49
（うち自己居住用住宅ローン）	(13,552,437)	(34.33)	(13,715,382)	(33.27)
海外及び特別国際金融取引勘定分	123,324	100.00	136,523	100.00
政府等	—	—	—	—
金融機関	798	0.65	249	0.18
その他	122,525	99.35	136,273	99.82
合計	39,596,518	—	41,356,024	—

(注1) 「国内」とは，当社及び国内連結子会社であります。また，「海外」とは，海外連結子会社であります。

(注2) 連結子会社である株式会社関西みらい銀行の2010年3月1日の合併により発生した貸出金に係る時価変動額は控除しております。

② 外国政府等向け債権残高（国別）

期別	国別	金額（百万円）
前連結会計年度	アルゼンチン	2
	（資産の総額に対する割合：%）	(0.00)
当連結会計年度	アルゼンチン	2
	（資産の総額に対する割合：%）	(0.00)

(注)　「外国政府等」とは，外国政府，中央銀行，地方公共団体，政府関係機関又は国営企業及びこれらの
　　　所在する国の民間企業等であり，日本公認会計士協会銀行等監査特別委員会報告第4号に規定する
　　　特定海外債権引当勘定を計上している国に所在する外国政府等の債権残高を掲げております。

(7) 国内・海外別有価証券の状況 ··

○有価証券残高（末残）

種類	期別	国内	海外	相殺消去額（△）	合計
		金額（百万円）	金額（百万円）	金額（百万円）	金額（百万円）
国債	前連結会計年度	2,969,002	—	—	2,969,002
	当連結会計年度	2,884,061	—	—	2,884,061
地方債	前連結会計年度	1,527,327	—	—	1,527,327
	当連結会計年度	1,944,536	—	—	1,944,536
短期社債	前連結会計年度	—	—	—	—
	当連結会計年度	—	—	—	—
社債	前連結会計年度	1,333,363	—	—	1,333,363
	当連結会計年度	1,399,904	—	—	1,399,904
株式	前連結会計年度	952,926	—	—	952,926
	当連結会計年度	925,819	—	—	925,819
その他の証券	前連結会計年度	967,778	5,419	23,270	949,927
	当連結会計年度	1,245,481	9,682	23,270	1,231,893
合計	前連結会計年度	7,750,399	5,419	23,270	7,732,548
	当連結会計年度	8,399,802	9,682	23,270	8,386,214

(注) 1　「国内」とは，当社及び国内連結子会社であります。また，「海外」とは，海外連結子会社であります。
　　　 2　「その他の証券」には，外国債券及び外国株式を含んでおります。
　　　 3　「相殺消去額」は，連結会社間の取引その他連結上の調整であります。

(8)　「金融機関の信託業務の兼営等に関する法律」に基づく信託業務の状況 ······

　　連結会社のうち，「金融機関の信託業務の兼営等に関する法律」に基づき信託
業務を営む会社は，株式会社りそな銀行，株式会社埼玉りそな銀行及び株式会社

関西みらい銀行であります。

① 信託財産の運用／受入状況（信託財産残高表）

資産

科目	前連結会計年度 （2022年3月31日）		当連結会計年度 （2023年3月31日）	
	金額（百万円）	構成比（%）	金額（百万円）	構成比（%）
貸出金	12,022	0.04	9,286	0.03
有価証券	20	0.00	20	0.00
信託受益権	26,064,020	81.86	27,043,377	93.66
受託有価証券	19,105	0.06	19,468	0.06
金銭債権	4,158,739	13.06	300,619	1.05
有形固定資産	295,571	0.93	305,417	1.06
無形固定資産	2,926	0.01	3,308	0.01
その他債権	4,261	0.01	4,182	0.01
銀行勘定貸	1,109,114	3.48	990,487	3.43
現金預け金	175,395	0.55	198,301	0.69
合計	31,841,177	100.00	28,874,470	100.00

負債

科目	前連結会計年度 （2022年3月31日）		当連結会計年度 （2023年3月31日）	
	金額（百万円）	構成比（%）	金額（百万円）	構成比（%）
金銭信託	11,446,443	35.95	12,361,915	42.81
年金信託	2,748,337	8.63	2,641,246	9.15
財産形成給付信託	1,031	0.00	1,050	0.00
投資信託	12,567,540	39.47	12,629,061	43.74
金銭信託以外の金銭の信託	359,167	1.13	377,934	1.31
有価証券の信託	19,107	0.06	19,470	0.07
金銭債権の信託	4,162,999	13.08	302,720	1.05
土地及びその定着物の信託	4,218	0.01	2,506	0.01
包括信託	532,332	1.67	538,564	1.86
合計	31,841,177	100.00	28,874,470	100.00

（注）1　上記残高表には，金銭評価の困難な信託を除いております。

　　　2　共同信託他社管理財産　　前連結会計年度末　　129,097百万円

　　　　　　　　　　　　　　　　当連結会計年度末　　128,768百万円

② 貸出金残高の状況（業種別貸出状況）

業種別	前連結会計年度 (2022年3月31日)		当連結会計年度 (2023年3月31日)	
	金額(百万円)	構成比(%)	金額(百万円)	構成比(%)
製造業	—	—	—	—
農業, 林業	—	—	—	—
漁業	—	—	—	—
鉱業, 採石業, 砂利採取業	—	—	—	—
建設業	—	—	—	—
電気・ガス・熱供給・水道業	—	—	—	—
情報通信業	—	—	—	—
運輸業, 郵便業	—	—	—	—
卸売業, 小売業	—	—	—	—
金融業, 保険業	153	1.27	26	0.29
不動産業	1,642	13.66	1,197	12.89
（うちアパート・マンションローン）	(1,608)	(13.38)	(1,192)	(12.84)
（うち不動産賃貸業）	(34)	(0.28)	(4)	(0.05)
物品賃貸業	—	—	—	—
各種サービス業	—	—	—	—
国, 地方公共団体	—	—	—	—
その他	10,227	85.07	8,062	86.82
（うち自己居住用住宅ローン）	(9,799)	(81.51)	(7,761)	(83.57)
合計	12,022	100.00	9,286	100.00

③ 有価証券残高の状況

科目	前連結会計年度 (2022年3月31日)		当連結会計年度 (2023年3月31日)	
	金額(百万円)	構成比(%)	金額(百万円)	構成比(%)
国債	—	—	—	—
地方債	—	—	—	—
短期社債	—	—	—	—
社債	—	—	—	—
株式	19	98.90	19	98.90
その他の証券	0	1.10	0	1.10
合計	20	100.00	20	100.00

④ 元本補填契約のある信託の運用／受入状況

金銭信託

科目	前連結会計年度 (2022年3月31日)		当連結会計年度 (2023年3月31日)	
	金額(百万円)	構成比(%)	金額(百万円)	構成比(%)
貸出金	12,022	1.08	9,286	0.93
その他	1,105,209	98.92	989,405	99.07
資産計	1,117,231	100.00	998,692	100.00
元本	1,117,131	99.99	998,570	99.99
債権償却準備金	38	0.00	28	0.00
その他	61	0.01	94	0.01
負債計	1,117,231	100.00	998,692	100.00

(注) 1　信託財産の運用のため再信託された信託を含みます。
　　 2　リスク管理債権の状況

　　　　前連結会計年度末

　　　　　　貸出金12,022百万円のうち，破産更生債権及びこれらに準ずる債権額は4百万円，危険債権額は171百万円，正常債権額は11,847百万円であります。

　　　　　　なお，三月以上延滞債権額および貸出条件緩和債権額は該当ありません。

　　　　　　また，破産更生債権及びこれらに準ずる債権額，危険債権額，三月以上延滞債権額および貸出条件緩和債権額の合計額は175百万円であります。

　　　　当連結会計年度末

　　　　　　貸出金9,286百万円のうち，破産更生債権及びこれらに準ずる債権額は24百万円，危険債権額は153百万円，正常債権額は9,108百万円であります。

　　　　　　なお，三月以上延滞債権額および貸出条件緩和債権額は該当ありません。

　　　　　　また，破産更生債権及びこれらに準ずる債権額，危険債権額，三月以上延滞債権額および貸出条件緩和債権額の合計額は177百万円であります。

(参考) 資産の査定

　　資産の査定は，貸出金等の各勘定について債務者の財政状態及び経営成績等を基礎として次のとおり区分するものであります。

1　破産更生債権及びこれらに準ずる債権

　　破産更生債権及びこれらに準ずる債権とは，破産手続開始，更生手続開始，再生手続開始の申立て等の事由により経営破綻に陥っている債務者に対する債権及びこれらに準ずる債権をいう。

2　危険債権

　　危険債権とは，債務者が経営破綻の状態には至っていないが，財政状態及び

経営成績が悪化し，契約に従った債権の元本の回収及び利息の受取りができない可能性の高い債権をいう。

3　要管理債権

要管理債権とは，三月以上延滞債権及び貸出条件緩和債権をいう。

4　正常債権

正常債権とは，債務者の財政状態及び経営成績に特に問題がないものとして，上記1から3までに掲げる債権以外のものに区分される債権をいう。

資産の査定の額

債権の区分	2022年3月31日	2023年3月31日
	金額（億円）	金額（億円）
破産更生債権及びこれらに準ずる債権	0	0
危険債権	1	1
要管理債権	—	—
正常債権	118	91

（自己資本比率の状況）

（参考）

自己資本比率は，銀行法第52条の25の規定に基づき，銀行持株会社が銀行持株会社及びその子会社の保有する資産等に照らしそれらの自己資本の充実の状況が適当であるかどうかを判断するための基準（2006年金融庁告示第20号）に定められた算式に基づき，連結ベースについて算出しております。

なお，当社は，国内基準を適用のうえ，信用リスク・アセットの算出においては先進的内部格付手法，オペレーショナル・リスク相当額の算出においては粗利益配分手法を採用するとともに，マーケット・リスク規制を導入しております。

連結自己資本比率（国内基準）

（単位：億円，％）

	2023年3月31日
1．連結自己資本比率（2／3）	12.48
2．連結における自己資本の額	21,010
3．リスク・アセットの額	168,279
4．連結総所要自己資本額	13,462

（生産，受注及び販売の状況）

　「生産，受注及び販売の状況」は，銀行持株会社としての業務の特殊性のため，該当する情報がないので記載しておりません。

（2）　経営者の視点による経営成績等の状況に関する分析・検討内容　…………

　経営者の視点による経営成績等の状況に関する分析・検討内容は次のとおりであります。なお，以下の記載における将来に関する事項は，当連結会計年度の末日現在において判断したものであります。

（概要）

・当連結会計年度の親会社株主に帰属する当期純利益は，前連結会計年度比504億円増加し1,604億円となりました。2022年5月公表の通期目標（1,500億円）及び中期経営計画の目標（1,600億円）を共に達成いたしました。また，コア収益（国内預貸金利益＋フィー収益＋経費）は前連結会計年度比81億円の増益となりました。国内預貸金利益は，前連結会計年度比38億円の減少，貸出金平残は同比3.20％の増加，貸出金利回りは4bps減少で，貸出金残高は計画比強含み，利回りは計画比やや弱含みとなりました。フィー収益は，前連結会計年度比3億円増加の2,086億円となり，前年に続き過去最高益を更新しています。

　経費は，4,047億円となりました。一人当たりの処遇改善をすすめる一方，グループベースでの最適配置を通じた総人員コントロール等により人件費は前連結会計年度比47億円減少，新営業店システム等の大型案件稼働に伴う償却費用の増加を預金保険料率の低下等により補完し，前連結会計年度比45億円

減少しました。株式等関係損益は，政策保有株式売却の進捗が寄与して前連結会計年度比85億円増加して541億円となりました。与信費用は159億円と前連結会計年度比427億円減少，年間計画（380億円）に対する費消率は41.9％に留まりました。

[重要な会計上の見積り及び見積りに用いた仮定]

　当グループの連結財務諸表は，我が国において一般に公正妥当と認められている会計基準に基づき作成されております。この連結財務諸表を作成するにあたって，資産，負債，収益及び費用の報告額に影響を及ぼす見積り及び仮定を用いておりますが，これらの見積り及び仮定に基づく数値は実際の結果と異なる可能性があります。連結財務諸表の作成にあたって用いた会計上の見積り及び仮定のうち，重要なものは「第5経理の状況1連結財務諸表等注記事項（重要な会計上の見積り）」に記載のとおりであります。

・財政状態については，連結総資産は前連結会計年度末比3兆3,423億円減少して74兆8,127億円となりました。資産の部では，貸出金は前連結会計年度末比1兆7,593億円増加して41兆3,572億円となりました。有価証券は地方債等の増加により前連結会計年度末比6,536億円増加して8兆3,862億円に，現金預け金は主に日銀預け金の減少により前連結会計年度末比5兆6,078億円減少して22兆3,915億円となりました。負債の部は前連結会計年度末比3兆4,173億円減少して72兆2,786億円となりました。そのうち預金は前連結会計年度末比9,766億円増加して61兆8,986億円に，コールマネー及び売渡手形は前連結会計年度末比1,489億円減少して1兆1,746億円に，債券貸借取引受入担保金は前連結会計年度末比1兆4,814億円増加して，2兆2,857億円に，借用金は主に日銀借入金の減少により前連結会計年度末比5兆5,168億円減少して3兆6,179億円となりました。純資産の部では，その他有価証券評価差額金は減少しましたが，利益剰余金の増加等により前連結会計年度末比750億円増加の2兆5,340億円となりました。

（目標とする経営指標）

　なお，中期計画で目標とする経営指標の状況は以下の表のとおりとなりました。

(point) **設備投資等の概要**

セグメントごとの設備投資額を公開している。多くの企業にとって設備投資は競争力向上・維持のために必要不可欠だ。企業は売上の数％など一定の水準を設定して毎年設備への投資を行う。半導体などのテクノロジー関連企業は装置産業であり，技術発展のスピードが速いため，常に多額の設備投資を行う宿命にある。

経営指標	2022年度 (実績)	2022年度 (目標)	2022年度 (前中計目標)
親会社株主に帰属する当期純利益	1,604億円	1,500億円	1,600億円
連結フィー収益比率	34.7%	35%程度	35%以上
連結経費率	67.4%	60%台前半	60%程度
株主資本ROE	7.66%	7%台半ば	8%程度
普通株式等Tier1比率(＊)	10%程度	9%台後半	10%程度

(＊)国際統一基準・バーゼル3最終化ベース(完全実施基準),その他有価証券評価差額金除き

　当連結会計年度の親会社株主に帰属する当期純利益は，前連結会計年度比504億円増加し1,604億円となりました。通期目標及び中計目標共に達成いたしました。連結フィー収益比率は前連結会計年度比0.1ポイント増加の34.7%，連結経費率は前連結会計年度比1.7ポイント減少の67.4%，株主資本ROEは前連結会計年度比2.0ポイント増加の7.66%となりました。また，普通株式等Tier1比率「国際統一基準・バーゼル3最終化ベース(完全実施基準)，その他有価証券評価差額金除き」は10%程度となりました。

　2023年5月に「グループのパーパス，長期ビジョン，新たな中期経営計画について」を公表しています。これらについては，「第2事業の状況1経営方針，経営環境及び対処すべき課題」をご参照ください。

(株主還元方針)

　株主還元については，これまで着実に拡充を実現してまいりました。2022年度においては,普通株式1株当たり21円(中間配当10.5円及び期末配当10.5円)の配当を継続するとともに，2022年11月14日から12月23日にかけて，株主還元の充実，資本効率の向上および機動的な資本政策の遂行を目的として，総額約150億円の自己株式の取得を行いました。

　当社は2023年5月12日に新たな中期経営計画(計画期間2023年4月1日〜2026年3月31日)を公表しました。この中で，株主還元については，安定配当を継続するとともに，総還元性向の水準の50%程度への引き上げを目指していく方針としております。

(point) **主要な設備の状況**

　「設備投資等の概要」では各セグメントの1年間の設備投資金額のみの掲載だが，ここではより詳細に，現在セグメント別，または各子会社が保有している土地，建物，機械装置の金額が合計でどれくらいなのか知ることができる。

本方針に基づき，2023年度については，1円増配し普通株式1株当たり22円（中間配当11円及び期末配当11円）の年間配当とする方針です。また，株主還元の充実，資本効率の向上および機動的な資本政策の遂行を目的として，2023年5月12日に100億円（上限）の自己株式の取得枠の設定を行いました。

1　経営成績の分析経営成績の概要［連結］

		前連結会計年度 （億円）	当連結会計年度 （億円）	増減 （億円）
業務粗利益	A	6,019	6,000	△18
うち資金利益		4,291	4,193	△98
うち信託報酬（償却後）		208	216	7
（信託勘定不良債権処理額）	B	0	0	0
うち役務取引等利益		1,874	1,870	△4
経費（除く銀行臨時処理分）	C	△4,163	△4,047	116
実質業務純益　（A－B＋C＋D）		1,860	1,957	96
一般貸倒引当金繰入額		△12	6	19
臨時損益		△255	316	572
うち株式等関係損益		455	541	85
うち不良債権処理額		△679	△237	441
うち与信費用戻入額		104	71	△33
うち持分法による投資損益	D	5	4	△0
経常利益		1,587	2,276	689
特別利益		37	17	△19
特別損失		△68	△43	24
税金等調整前当期純利益		1,556	2,250	693
法人税、住民税及び事業税		△496	△513	△16
法人税等調整額		41	△120	△161
当期純利益		1,101	1,617	516
非支配株主に帰属する当期純利益		△1	△13	△11
親会社株主に帰属する当期純利益		1,099	1,604	504
与信費用		△587	△159	427

（注）金額が損失又は減益の項目には△を付しております。

（1） 業務粗利益 ··

- 業務粗利益は前連結会計年度比18億円減少して6,000億円となりました。
- 資金利益は，国内預貸金利益等の減少により前連結会計年度比98億円減少の4,193億円となりました。
- 信託報酬と役務取引等利益を合わせたフィー収益は，保険販売，不動産等の承継関連業務及び決済関連業務等に係る収益が牽引し前連結会計年度比3億円増加の2,086億円となりました。連結フィー収益比率は前連結会計年度比0.1ポイント増加の34.7%となりました。

（2） 経費（除く銀行臨時処理分） ··

　経費（除く銀行臨時処理分）は，一人当たりの処遇改善をすすめる一方，グループベースでの最適配置を通じた総人員コントロール等により人件費は前連結会計年度比47億円減少，新営業店システム等の大型案件稼働に伴う償却費用の増加を預金保険料率の低下等により補完し，前連結会計年度比45億円減少しました。

経費の内訳

	前連結会計年度		当連結会計年度		増減	
	（億円）	OHR	（億円）	OHR	（億円）	OHR
経費	△4,163	69.1%	△4,047	67.4%	116	△1.7%
うち人件費	△1,990	33.0%	△1,943	32.3%	47	△0.6%
うち物件費	△1,876	31.1%	△1,831	30.5%	45	△0.6%
業務粗利益（信託勘定不良債権処理前）	6,019	—	6,000	—	△18	—

（3） 株式等関係損益 ··

- 株式等関係損益は，前連結会計年度比85億円増加し，541億円の利益となりました。なお，先物込の株式等関係損益は前連結会計年度比67億円増加して539億円となりました。
- 政策保有株式については，2022年5月に計画を刷新し，2026年3月末までの4年間で800億円の削減を目指す新計画を策定・公表いたしました。削減ペースをさらに加速させた新たな計画の下，引き続き，残高縮減に取り組んでまいります。

(point) 設備の新設，除却等の計画

　ここでは今後，会社がどの程度の設備投資を計画しているか知ることができる。毎期どれくらいの設備投資を行っているか確認すると，技術等での競争力維持に積極的な姿勢かどうか，どのセグメントを重要視しているか分かる。また景気が悪化したときは設備投資額を減らす傾向にある。

株式等関係損益の内訳 [連結]

	前連結会計年度 (億円)	当連結会計年度 (億円)	増減 (億円)
株式等関係損益	455	541	85
株式等売却益	534	581	46
株式等売却損	△75	△31	44
株式等償却	△3	△9	△6
投資損失引当金純繰入額	0	△0	△0

その他有価証券で時価のある株式 [連結]

	前連結会計年度末 (億円)	当連結会計年度末 (億円)	増減 (億円)
取得原価ベース	3,156	2,963	△193
時価ベース	8,936	8,672	△264

(4) 与信費用 ··

・与信費用は再生支援の取り組みの中で一部大口先からの戻入益等により，前連結会計年度比427億円減少の159億円となりました。年間計画（380億円）に対する費消率は41.9％に留まっています。

・また，金融再生法基準開示債権額は，前連結会計年度末比39億円減少の6,683億円，不良債権比率は前連結会計年度末比0.08ポイント減少の1.57％となりました。引き続き低水準で推移しております。

不良債権処理の状況 [連結]

	前連結会計年度 (億円)	当連結会計年度 (億円)	増減 (億円)
与信費用	△587	△159	427
信託勘定不良債権処理額	0	0	0
一般貸倒引当金純繰入額	△12	6	19
貸出金償却	△179	△160	19
個別貸倒引当金純繰入額	△474	△73	401
特定海外債権引当勘定純繰入額	△0	0	0
その他不良債権処理額	△24	△4	20
償却債権取立益	104	71	△33

(point) **株式の総数等**

発行可能株式総数とは，会社が発行することができる株式の総数のことを指す。役員会では，株主総会の了承を得ないで，必要に応じてその株数まで，株を発行することができる。敵対的TOBでは，経営陣が，自社をサポートしてくれる側に，新株を第三者割り当てで発行して，買収を防止することがある。

金融再生法基準開示債権 [連結元本補填契約のある信託勘定を含む]

	前連結会計年度末 (億円)	当連結会計年度末 (億円)	増減 (億円)
破産更生債権及びこれらに準ずる債権	621	648	26
危険債権	3,796	3,534	△262
要管理債権	2,305	2,501	195
三月以上延滞債権	39	16	△22
貸出条件緩和債権	2,265	2,484	218
不良債権合計　　　　A	6,723	6,683	△39
正常債権	400,372	418,663	18,291
債権合計　　　　　　B	407,095	425,347	18,251
不良債権比率　(A/B)	1.65%	1.57%	△0.08%

(注)　株式会社りそな銀行，株式会社埼玉りそな銀行，株式会社関西みらい銀行，株式会社みなと銀行の
　　　単体計数の単純合計を表示しております。

2　財政状態の分析 ⋯⋯⋯⋯⋯⋯⋯⋯⋯⋯⋯⋯⋯⋯⋯⋯⋯⋯⋯⋯⋯⋯⋯

(1)　貸出金 ⋯⋯⋯⋯⋯⋯⋯⋯⋯⋯⋯⋯⋯⋯⋯⋯⋯⋯⋯⋯⋯⋯⋯⋯⋯⋯⋯⋯

・貸出金残高は，法人向けなどが伸び，前連結会計年度末比1兆7,593億円増加
　して，41兆3,572億円となりました。

・業種別の内訳では，製造業向けが3兆3,907億円，卸売業,小売業向けが3兆2,052
　億円，不動産業向けが9兆3,602億円などとなっております。

貸出金の内訳 [連結]

	前連結会計年度末 (億円)	当連結会計年度末 (億円)	増減 (億円)
貸出金残高	395,979	413,572	17,593
住宅ローン残高 (注)	167,354	167,908	553

(注)　株式会社りそな銀行，株式会社埼玉りそな銀行，株式会社関西みらい銀行，株式会社みなと銀行の
　　　単体計数 (元本補填契約のある信託勘定を含む) の単純合計を表示しております。

業種別等貸出金の状況 [連結]

	前連結会計年度末 (億円)	当連結会計年度末 (億円)	増減 (億円)
国内(除く特別国際金融取引勘定分)	394,731	412,195	17,463
うち製造業	31,652	33,907	2,254
うち建設業	9,769	9,984	214
うち卸売業, 小売業	31,320	32,052	731
うち金融業, 保険業	9,132	9,797	665
うち不動産業	92,760	93,602	842
うち各種サービス業	27,230	26,602	△628
うち国、地方公共団体	25,651	36,608	10,956
うち自己居住用住宅ローン	135,524	137,153	1,629
海外及び特別国際金融取引勘定分	1,233	1,365	131

(2) 有価証券 ··

- 有価証券は, 地方債, 外債や投資信託等のその他の証券が増加し, 前連結会計
  年度末比では6,536億円増加して, 8兆3,862億円となりました。
- なお, その他有価証券の評価差額 (時価のあるもの) は, 債券を中心に前連結
  会計年度末比491億円減少し, 4,647億円となっております。

有価証券残高 [連結]

	前連結会計年度末 (億円)	当連結会計年度末 (億円)	増減 (億円)
国債	29,690	28,840	△849
地方債	15,273	19,445	4,172
社債	13,333	13,999	665
株式	9,529	9,258	△271
その他の証券	9,499	12,318	2,819
合計	77,325	83,862	6,536

その他有価証券の評価差額（時価のあるもの）［連結］

	前連結会計年度末 (億円)	当連結会計年度末 (億円)	増減 (億円)
株式	5,779	5,708	△70
債券	△331	△575	△244
国債	△244	△394	△150
地方債	△43	△80	△37
社債	△43	△99	△56
その他	△308	△485	△176
合計	5,138	4,647	△491

（注）　連結貸借対照表の「有価証券」のほか，「現金預け金」中の譲渡性預け金，「買入金銭債権」中の信託受益権を含めて記載しております。

（3）　繰延税金資産

・繰延税金資産の純額は，前連結会計年度末比46億円減少の2億円となりました。

・繰延税金資産では主に貸倒引当金及び貸出金償却相当分が減少し，繰延税金負債では主にその他有価証券評価差額金相当分が減少しております。

・なお，当社を通算親会社としたグループ通算制度を前提に計算しております。

繰延税金資産［連結］

	前連結会計年度末 (億円)	当連結会計年度末 (億円)	増減 (億円)
繰延税金資産合計	1,614	1,459	△155
うち有価証券償却	5,290	5,262	△28
うち貸倒引当金及び貸出金償却	1,045	925	△119
うち税務上の繰越欠損金	192	193	1
うち評価性引当額	△5,944	△5,895	49
繰延税金負債合計	△1,565	△1,456	108
うちその他有価証券評価差額金	△1,314	△1,204	110
うち繰延ヘッジ利益	△20	△24	△3
うち退職給付信託設定益	△56	△53	2
繰延税金資産の純額（△は繰延税金負債）	48	2	△46

（4）　預金

・預金は，主に国内個人預金が増加し，前連結会計年度末比9,766億円増加して

61兆8,986億円となりました。

・譲渡性預金は，前連結会計年度末比775億円減少して8,981億円となりました。

預金・譲渡性預金残高［連結］

	前連結会計年度末 （億円）	当連結会計年度末 （億円）	増減 （億円）
預金	609,220	618,986	9,766
うち国内個人預金　（注）	370,956	380,723	9,766
うち国内法人預金　（注）	192,051	191,096	△954
譲渡性預金	9,756	8,981	△775

（注）　株式会社りそな銀行，株式会社埼玉りそな銀行，株式会社関西みらい銀行，株式会社みなと銀行の
　　　　単体計数の単純合計を表示しており，特別国際金融取引勘定を除いております。

(5)　純資産の部 ···

・純資産の部合計は，前連結会計年度末比750億円増加の2兆5,340億円となりました。

純資産の部の内訳［連結］

	前連結会計年度末 （億円）	当連結会計年度末 （億円）	増減 （億円）
純資産の部合計	24,590	25,340	750
うち資本金	505	505	－
うち資本剰余金	1,492	1,344	△148
うち利益剰余金	18,535	19,635	1,099
うちその他有価証券評価差額金	3,785	3,430	△354
うち繰延ヘッジ損益	46	56	9
うち土地再評価差額金	394	394	－
うち退職給付に係る調整累計額	△204	△117	86
うち非支配株主持分	166	179	13

3　キャッシュ・フローの状況の分析 ···

・営業活動によるキャッシュ・フローは，5兆2,075億円の支出となりました。これは貸出金の増加や日銀借入金を主とする借用金が減少したこと等によるものです。前連結会計年度比では9兆985億円の減少となりました。

・投資活動によるキャッシュ・フローは，3,903億円の支出となりました。これは有価証券の取得による支出が，有価証券の売却及び償還による収入を上回っ

たこと等によるものです。前連結会計年度比では5,356億円の支出の減少となりました。

・財務活動によるキャッシュ・フローは，640億円の支出となりました。これは配当金の支払及び自己株式の取得等によるものです。前連結会計年度比では1,062億円の支出の減少となりました。

・これらの結果，現金及び現金同等物の当連結会計年度末残高は，期首残高に比べ5兆6,619億円減少して22兆2,575億円となりました。

・当グループの中核事業は銀行業であり，主に首都圏や関西圏のお客さまから預入れいただいた預金を貸出金や有価証券で運用しております。

・なお，当面の店舗・システム等への設備投資，並びに株主還元等は自己資金で対応する予定であります。

キャッシュ・フロー計算書 [連結]

	前連結会計年度 (億円)	当連結会計年度 (億円)	増減 (億円)
営業活動によるキャッシュ・フロー	38,909	△52,075	△90,985
投資活動によるキャッシュ・フロー	△9,259	△3,903	5,356
財務活動によるキャッシュ・フロー	△1,703	△640	1,062
現金及び現金同等物に係る換算差額	0	0	．－
現金及び現金同等物の増減額（△は減少）	27,946	△56,619	－
現金及び現金同等物の期首残高	251,248	279,195	－
現金及び現金同等物の期末残高	279,195	222,575	－

■ 設備の状況

　当グループは，お客さま接点の拡充に向け，休日営業拠点の拡充やスマートフォン等のデジタルデバイスによる新たな非対面チャネルの構築，コールセンターの戦略チャネル化を図るとともに，店舗の役割見直しや店舗立地の改善などを通じたグループベースでの店舗網の最適化により，さらなるお客さまの利便性向上に取り組んでおります。その結果，当連結会計年度のシステム関連を含む設備投資等の総投資額は352億円になりました。

　また，当連結会計年度において以下の主要な設備の売却等を行っております。

会社名 （すべて連結 子会社）	店舗名その他	所在地	区分	設備の内容	売却/除却 時期	前期末帳簿価額 （百万円）
株式会社 埼玉りそな銀行	旧春日部支店	埼玉県春日部市	売却	店舗	2022年12月	184
株式会社 関西みらい銀行	旧緑橋支店	大阪市東成区	売却	店舗	2022年9月	212
	旧茨木中央支店	大阪府茨木市	売却	店舗	2022年12月	219

　なお，当グループでは，資産をセグメント別に配分していないため，セグメント別の記載を省略しております。

2 主要な設備の状況

当連結会計年度末における主要な設備の状況は次のとおりであります。

(2023年3月31日現在)

会社名 (すべて連結 子会社)	店舗名 その他	所在地	設備の 内容	土地 面積(㎡)	建物	リース 資産	その他の 有形固定 資産	合計	従業員数 (人)
					帳簿価額（百万円）				
株式会社 りそな銀行	札幌支店 他2店	東北・ 北海道	店舗	310 (—)	1,234	377	—	108	1,721	55
	東京営業部 他177店	関東	店舗	64,429 (4,032)	65,668	18,075	—	2,495	86,239	4,033
	甲府支店 他2店	甲信越	店舗	2,297 (—)	961	265	—	16	1,243	41
	名古屋支店 他5店	東海	店舗	1,132 (—)	232	556	—	83	872	201
	大阪営業部 他144店	近畿	店舗	59,429 (3,343)	38,678	19,046	—	1,854	59,579	3,753
	福岡支店 他5店	中国・ 九州	店舗	807 (—)	307	289	—	122	719	123
	東京本社他	東京都 江東区他	本部施設 その他	47,174 (249)	11,507	26,729	14,225	3,658	56,120	—

会社名 (すべて連結 子会社)	店舗名 その他	所在地	設備の 内容	土地 面積(㎡)	土地 帳簿価額(百万円)	建物	リース 資産	その他の 有形固定 資産	合計	従業員数 (人)
株式会社 埼玉りそな 銀行	さいたま 営業部 他129店	埼玉県	店舗	120,108 (6,574)	28,573	18,745	—	1,507	48,826	2,920
	東京支店 他2店	東京都他	店舗	—	—	25	—	9	34	108
	その他	埼玉県他	その他	5,325 (—)	1,369	168	—	213	1,752	—
株式会社 関西みらい 銀行	堺筋営業部 他175店	大阪府	店舗	61,317 (4,508)	35,493	4,963	59	449	40,967	1,510
	びわこ営業 部 他54店	滋賀県	店舗	48,815 (18,249)	2,435	2,742	—	150	5,328	427
	京都支店 他7店	京都府	店舗	1,962 (—)	817	1,037	—	30	1,885	72
	神戸支店 他16店	兵庫県	店舗	4,219 (1,204)	461	568	9	51	1,091	118
	奈良支店 他4店	奈良県	店舗	1,995 (—)	672	258	0	6	938	30
	和歌山支店 他1店	和歌山県	店舗	559 (—)	73	37	—	2	113	27
	名古屋支店 他1店	愛知県	店舗	—	—	6	—	0	7	20
	東京支店	東京都	店舗	—	—	59	—	3	62	31
	その他	大阪府他	その他	19,257 (—)	4,919	6,876	418	2,627	14,841	1,028
株式会社 みなと銀行	本店営業部 他100店	兵庫県	店舗	41,896 (4,251)	11,447	8,708	793	809	21,758	1,726
	大阪支店 他2店	大阪府	店舗	—	—	73	20	19	113	50
	東京支店	東京都	店舗	—	—	75	4	6	86	15
	その他	兵庫県他	その他	4,132 (—)	2,122	3,824	60	514	6,522	—

(注) 1　土地の面積欄の（　）内は，借地の面積（内書き）であり，その年間賃借料は建物を含め22,858百万円であります。

　　2　株式会社りそな銀行につきましては，海外駐在員事務所4ヵ所や店舗外現金自動設備805ヵ所，ならびに相談業務を主としたローンサポート支店やビジネスマッチング業務を主としたビジネスプラザおおさか，ビジネスプラザとうきょう，及び年金担保融資業務を主としたりそなグループねんたん窓口は，上記に含めて記載しております。なお，上記店舗数には，振込集中第一支店，サンライ

ズ支店，東京エイティエム支店，平成第一支店，口振第一支店，証券信託業務支店，年金管理サービス支店，外国為替業務室，信託サポートオフィス出張所，信託SRオフィス出張所，信託KMオフィス出張所，アルファ支店，ベータ支店，セブンデイズ支店，アース支店を含んでおります。

3　株式会社埼玉りそな銀行につきましては，店舗外現金自動設備277ヵ所は上記に含めて記載しております。なお，上記店舗数には埼玉エイティエム支店，さくらそう支店，しらこばと支店，けやき支店，住宅ローン支店を含んでおります。

4　株式会社関西みらい銀行につきましては，店舗外現金自動設備110ヵ所は上記に含めて記載しております。

5　株式会社みなと銀行につきましては，店舗外現金自動設備75ヵ所は上記に含めて記載しております。

6　上記の他，無形固定資産として，株式会社りそな銀行41,394百万円，株式会社埼玉りそな銀行2,644百万円，株式会社関西みらい銀行6,174百万円，株式会社みなと銀行4,968百万円を所有しております。

7　上記の他，リース並びにレンタル契約による主な賃借設備等は次のとおりであります。

会社名 （すべて連結子会社）	店舗名 その他	所在地	設備の内容	従業員数 （人）	年間リース料等 （百万円）
株式会社 りそな銀行	本店及び営業店他	大阪市 中央区他	車両	—	478
株式会社 埼玉りそな銀行	本店及び営業店他	さいたま市 浦和区他	車両	—	231
株式会社 関西みらい銀行	本店及び営業店他	大阪市 中央区他	車両他	—	293
株式会社 みなと銀行	事務センター	神戸市西区	電算機	6	116

　なお，当グループでは，資産をセグメント別に配分していないため，セグメント別の記載を省略しております。

3 設備の新設，除却等の計画

　当グループにおける当連結会計年度末において計画中である重要な設備の新設，除却等は次のとおりであります。

（1）新設，改修 ··

会社名 (すべて連結子会社)	店舗名 その他	所在地	区分	設備の 内容	投資予定金額 (百万円) 総額	既支払額	資金調達 方法	着手年月	完了予定 年月
株式会社 りそな銀行	本店他	大阪市 中央区他	新設 更改	電子 計算機他	44,500	—	自己資金	2023年4月	—
	大阪本社 ビル他	大阪市 中央区他	改修	本部施設 その他	2,118	186	自己資金	2022年4月	2024年5月
	仙台支店	仙台市 青葉区	改修	店舗	239	—	自己資金	2023年5月	2024年2月
	成増支店	東京都 板橋区	新築	店舗	200	15	自己資金	2022年4月	2023年12月
	虎ノ門・新橋支店(法人営業部)	東京都 港区	増床	店舗	190	—	自己資金	2023年9月	2023年12月
株式会社 埼玉りそな銀行	東松山支店	埼玉県 東松山市	新築	店舗	531	466	自己資金	2021年9月	2023年5月
	本店	さいたま 市浦和区	設備 更改	本部施設	328	130	自己資金	2021年6月	2023年5月
株式会社 関西みらい銀行	南港第2 ビル	大阪市 住之江区	設備 更改	本部施設	335	27	自己資金	2022年11月	2023年10月
	ＯＢＰオフィスビル	大阪市 中央区	設備 更改	本部施設	567	188	自己資金	2022年9月	2024年2月

（注）上記設備計画の記載金額には，消費税及び地方消費税は含まれておりません。

（2）売却 ··

会社名 (すべて連結子会社)	店舗名 その他	所在地	設備の 内容	期末帳簿価額 (百万円)	売却の予定時期
株式会社 関西みらい銀行	旧服部支店	大阪府 豊中市	店舗	167	2023年度
	旧千林支店	大阪市 旭区	店舗	104	2023年度
	島本土地	大阪府 三島郡	土地	604	2023年度

　なお，当グループでは，資産をセグメント別に配分していないため，セグメント別の記載を省略しております。

提出会社の状況

1 株式等の状況

(1) 【株式の総数等】 ·······························

① 株式の総数

種類	発行可能株式総数(株)
普通株式	6,000,000,000
第一回第7種優先株式	10,000,000 (注)
第二回第7種優先株式	10,000,000 (注)
第三回第7種優先株式	10,000,000 (注)
第四回第7種優先株式	10,000,000 (注)
第一回第8種優先株式	10,000,000 (注)
第二回第8種優先株式	10,000,000 (注)
第三回第8種優先株式	10,000,000 (注)
第四回第8種優先株式	10,000,000 (注)
計	6,020,000,000

(注) 第一回ないし第四回第7種優先株式の発行可能種類株式総数は併せて10,000,000株, 第一回ないし第四回第8種優先株式の発行可能種類株式総数は併せて10,000,000株を, それぞれ超えないものとします。

② 発行済株式

種類	事業年度末現在発行数(株) (2023年3月31日)	提出日現在発行数(株) (2023年6月27日)	上場金融商品取引所名又は登録認可金融商品取引業協会名	内容
普通株式	2,377,665,966	2,377,665,966	東京証券取引所プライム市場	完全議決権株式であり、権利内容に何ら限定のない当会社における標準となる株式 単元株式数 100株
計	2,377,665,966	2,377,665,966	—	—

(注) 提出日現在発行数には, 2023年6月1日から有価証券報告書提出日までの新株予約権の行使により発行された株式数は含まれておりません。

■ 経理の状況

1　当社の連結財務諸表は、「連結財務諸表の用語，様式及び作成方法に関する規則」（1976年大蔵省令第28号）に基づいて作成しておりますが，資産及び負債の分類並びに収益及び費用の分類は，「銀行法施行規則」（1982年大蔵省令第10号）に準拠しております。

2　当社の財務諸表は，「財務諸表等の用語，様式及び作成方法に関する規則」（1963年大蔵省令第59号）に基づいて作成しております。

3　当社は，金融商品取引法第193条の2第1項の規定に基づき，連結会計年度（自2022年4月1日　至2023年3月31日）の連結財務諸表及び事業年度（自2022年4月1日　至2023年3月31日）の財務諸表について，有限責任監査法人トーマツの監査証明を受けております。

4　当社は，連結財務諸表等の適正性を確保するための特段の取組みを行っております。具体的には，会計基準等の内容を適切に把握し，会計基準等の変更等について的確に対応することができる体制を整備するため，公益財団法人財務会計基準機構へ加入し，企業会計基準委員会等の行う様々な研修に参加しております。

（1）　【連結財務諸表】······························

①　【連結貸借対照表】

（単位：百万円）

	前連結会計年度 （2022年3月31日）	当連結会計年度 （2023年3月31日）
資産の部		
現金預け金	※6　27,999,340	※6　22,391,508
コールローン及び買入手形	127,949	89,359
債券貸借取引支払保証金	—	8,360
買入金銭債権	414,616	497,537
特定取引資産	※6　238,340	※6　221,942
有価証券	※1,※2,※3,※6,※12　7,732,548	※1,※2,※3,※6,※12　8,386,214
貸出金	※3,※4,※5,※6,※7　39,597,906	※3,※4,※5,※6,※7　41,357,286
外国為替	※3,※4　159,859	※3,※4　198,688
リース債権及びリース投資資産	※6　34,640	※6　34,989
その他資産	※3,※6　1,221,612	※3,※6　978,079
有形固定資産	※9,※10　356,644	※9,※10　352,442
建物	113,829	114,319
土地	※8　205,535	※8　202,521
リース資産	17,009	15,866
建設仮勘定	4,205	1,695
その他の有形固定資産	16,064	18,039
無形固定資産	55,114	51,931
ソフトウェア	20,032	20,240
リース資産	28,720	25,730
その他の無形固定資産	6,361	5,959
退職給付に係る資産	43,546	50,152
繰延税金資産	27,151	22,979
支払承諾見返	※3　379,505	※3　384,964
貸倒引当金	△233,691	△213,713
投資損失引当金	△14	△14
資産の部合計	78,155,071	74,812,710

　連結財務諸表等

　　ここでは主に財務諸表の作成方法についての説明が書かれている。企業は大蔵省が定めた規則に従って財務諸表を作るよう義務付けられている。また金融商品法に従い，作成した財務諸表がどの監査法人によって監査を受けているかも明記されている。

	前連結会計年度 （2022年3月31日）	当連結会計年度 （2023年3月31日）
負債の部		
預金	※6　60,922,036	※6　61,898,677
譲渡性預金	975,640	898,140
コールマネー及び売渡手形	1,323,622	1,174,692
売現先勘定	※6　5,000	※6　5,000
債券貸借取引受入担保金	※6　804,303	※6　2,285,798
特定取引負債	26,203	48,310
借用金	※6　9,134,782	※6　3,617,976
外国為替	3,886	5,301
社債	※11　201,000	※11　196,000
信託勘定借	1,109,114	990,487
その他負債	※6　704,795	※6　676,901
賞与引当金	20,208	20,074
退職給付に係る負債	12,392	9,515
その他の引当金	33,199	26,016
繰延税金負債	22,261	22,706
再評価に係る繰延税金負債	※8　18,094	※8　18,094
支払承諾	379,505	384,964
負債の部合計	75,696,047	72,278,658
純資産の部		
資本金	50,552	50,552
資本剰余金	149,263	134,452
利益剰余金	1,853,547	1,963,546
自己株式	△9,244	△8,154
株主資本合計	2,044,119	2,140,398
その他有価証券評価差額金	378,562	343,081
繰延ヘッジ損益	4,676	5,617
土地再評価差額金	※8　39,426	※8　39,426
為替換算調整勘定	△4,169	△880
退職給付に係る調整累計額	△20,427	△11,759
その他の包括利益累計額合計	398,068	375,485
新株予約権	224	215
非支配株主持分	16,610	17,953
純資産の部合計	2,459,023	2,534,052
負債及び純資産の部合計	78,155,071	74,812,710

---

point 連結財務諸表

　ここでは貸借対照表（またはバランスシート，BS），損益計算書（PL），キャッシュフロー計算書の詳細を調べることができる。あまり会計に詳しくない場合は，最低限，損益計算書の売上と営業利益を見ておけばよい。可能ならば，その数字が過去5年，10年の間にどのように変化しているか調べると会社への理解が深まるだろう。

② 【連結損益計算書及び連結包括利益計算書】

【連結損益計算書】

(単位：百万円)

	前連結会計年度 (自 2021年4月1日 至 2022年3月31日)	当連結会計年度 (自 2022年4月1日 至 2023年3月31日)
経常収益	844,700	867,974
資金運用収益	441,698	459,114
貸出金利息	352,454	357,808
有価証券利息配当金	55,916	60,140
コールローン利息及び買入手形利息	498	2,946
債券貸借取引受入利息	—	305
預け金利息	20,726	21,392
その他の受入利息	12,102	16,520
信託報酬	20,834	21,609
役務取引等収益	257,749	259,395
特定取引収益	3,485	3,321
その他業務収益	47,793	44,632
その他経常収益	73,138	79,901
償却債権取立益	10,452	7,104
その他の経常収益	※1 62,685	※1 72,797
経常費用	685,924	640,283
資金調達費用	12,537	39,754
預金利息	7,422	15,175
譲渡性預金利息	50	48
コールマネー利息及び売渡手形利息	△276	3,712
売現先利息	0	0
債券貸借取引支払利息	1,434	14,330
借用金利息	774	3,280
社債利息	1,866	1,202
その他の支払利息	1,264	2,004
役務取引等費用	70,269	72,360
特定取引費用	271	280
その他業務費用	86,539	75,612
営業経費	※2 427,220	※2 413,013
その他経常費用	89,085	39,261
貸倒引当金繰入額	48,721	6,665
その他の経常費用	※3 40,364	※3 32,595
経常利益	158,775	227,690
特別利益	3,733	1,736
固定資産処分益	3,733	1,736
特別損失	6,846	4,380
固定資産処分損	1,984	1,912
減損損失	4,861	2,467
税金等調整前当期純利益	155,662	225,047
法人税、住民税及び事業税	49,687	51,300
法人税等調整額	△4,142	12,010
法人税等合計	45,545	63,311
当期純利益	110,118	161,735
非支配株主に帰属する当期純利益	144	1,335
親会社株主に帰属する当期純利益	109,974	160,400

【連結包括利益計算書】

(単位:百万円)

	前連結会計年度 (自 2021年4月1日 至 2022年3月31日)	当連結会計年度 (自 2022年4月1日 至 2023年3月31日)
当期純利益	110,118	161,735
その他の包括利益	※1 △58,330	※1 △22,647
その他有価証券評価差額金	△66,656	△35,442
繰延ヘッジ損益	△5,988	940
為替換算調整勘定	2,629	3,215
退職給付に係る調整額	11,675	8,654
持分法適用会社に対する持分相当額	9	△16
包括利益	51,787	139,087
(内訳)		
親会社株主に係る包括利益	50,656	137,817
非支配株主に係る包括利益	1,131	1,270

③ 【連結株主資本等変動計算書】

前連結会計年度（自 2021年4月1日　至 2022年3月31日）

（単位：百万円）

	株主資本				
	資本金	資本剰余金	利益剰余金	自己株式	株主資本合計
当期首残高	50,552	15,769	1,796,476	△2,478	1,860,319
会計方針の変更による累積的影響額			△2,094		△2,094
会計方針の変更を反映した当期首残高	50,552	15,769	1,794,381	△2,478	1,858,224
当期変動額					
株式交換による増加		184,556			184,556
剰余金の配当			△51,084		△51,084
親会社株主に帰属する当期純利益			109,974		109,974
自己株式の取得				△58,516	△58,516
自己株式の処分		7		796	803
自己株式の消却		△50,955		50,955	—
土地再評価差額金の取崩			276		276
非支配株主との取引に係る親会社の持分変動		△114			△114
株主資本以外の項目の当期変動額（純額）					
当期変動額合計	—	133,494	59,165	△6,765	185,894
当期末残高	50,552	149,263	1,853,547	△9,244	2,044,119

	その他の包括利益累計額						新株予約権	非支配株主持分	純資産合計
	その他有価証券評価差額金	繰延ヘッジ損益	土地再評価差額金	為替換算調整勘定	退職給付に係る調整累計額	その他の包括利益累計額合計			
当期首残高	442,901	10,671	39,702	△5,851	△30,478	456,946	279	202,099	2,519,645
会計方針の変更による累積的影響額								△134	△2,229
会計方針の変更を反映した当期首残高	442,901	10,671	39,702	△5,851	△30,478	456,946	279	201,965	2,517,415
当期変動額									
株式交換による増加									184,556
剰余金の配当									△51,084
親会社株主に帰属する当期純利益									109,974
自己株式の取得									△58,516
自己株式の処分									803
自己株式の消却									—
土地再評価差額金の取崩									276
非支配株主との取引に係る親会社の持分変動									△114
株主資本以外の項目の当期変動額（純額）	△64,338	△5,994	△276	1,682	10,050	△58,877	△54	△185,354	△244,287
当期変動額合計	△64,338	△5,994	△276	1,682	10,050	△58,877	△54	△185,354	△58,392
当期末残高	378,562	4,676	39,426	△4,169	△20,427	398,068	224	16,610	2,459,023

当連結会計年度（自 2022 年 4 月 1 日　至 2023 年 3 月 31 日）

（単位：百万円）

	株主資本				
	資本金	資本剰余金	利益剰余金	自己株式	株主資本合計
当期首残高	50,552	149,263	1,853,547	△9,244	2,044,119
当期変動額					
剰余金の配当			△50,401		△50,401
親会社株主に帰属する当期純利益			160,400		160,400
自己株式の取得				△15,006	△15,006
自己株式の処分		△5		1,292	1,286
自己株式の消却		△14,804		14,804	―
株主資本以外の項目の当期変動額（純額）					
当期変動額合計	―	△14,810	109,998	1,089	96,278
当期末残高	50,552	134,452	1,963,546	△8,154	2,140,398

	その他の包括利益累計額						新株予約権	非支配株主持分	純資産合計
	その他有価証券評価差額金	繰延ヘッジ損益	土地再評価差額金	為替換算調整勘定	退職給付に係る調整累計額	その他の包括利益累計額合計			
当期首残高	378,562	4,676	39,426	△4,169	△20,427	398,068	224	16,610	2,459,023
当期変動額									
剰余金の配当									△50,401
親会社株主に帰属する当期純利益									160,400
自己株式の取得									△15,006
自己株式の処分									1,286
自己株式の消却									―
株主資本以外の項目の当期変動額（純額）	△35,481	940	―	3,289	8,667	△22,583	△8	1,342	△21,249
当期変動額合計	△35,481	940	―	3,289	8,667	△22,583	△8	1,342	75,028
当期末残高	343,081	5,617	39,426	△880	△11,759	375,485	215	17,953	2,534,052

④ 【連結キャッシュ・フロー計算書】

(単位：百万円)

	前連結会計年度 （自 2021年4月1日 至 2022年3月31日）	当連結会計年度 （自 2022年4月1日 至 2023年3月31日）
営業活動によるキャッシュ・フロー		
税金等調整前当期純利益	155,662	225,047
減価償却費	36,970	38,542
減損損失	4,861	2,467
持分法による投資損益（△は益）	△518	△420
貸倒引当金の増減額（△は減少）	43,603	△19,977
投資損失引当金の増減額（△は減少）	△22	0
賞与引当金の増減額（△は減少）	1,557	△134
退職給付に係る資産の増減額（△は増加）	402	△6,606
退職給付に係る負債の増減額（△は減少）	△2,979	△2,876
資金運用収益	△441,698	△459,114
資金調達費用	12,537	39,754
有価証券関係損益（△）	14,104	△7,434
為替差損益（△は益）	△103,207	△71,654
固定資産処分損益（△は益）	△1,748	176
特定取引資産の純増（△）減	△6,644	16,397
特定取引負債の純増減（△）	△13,422	22,106
貸出金の純増（△）減	△618,946	△1,759,380
預金の純増減（△）	2,230,813	976,640
譲渡性預金の純増減（△）	236,470	△77,500
借用金（劣後特約付借入金を除く）の純増減（△）	1,916,613	△5,516,805
預け金（日銀預け金を除く）の純増（△）減	18,460	△54,149
コールローン等の純増（△）減	△213,584	△44,330
債券貸借取引支払保証金の純増（△）減	―	△8,360
コールマネー等の純増減（△）	694,726	△148,929
債券貸借取引受入担保金の純増減（△）	△260,178	1,481,494
外国為替（資産）の純増（△）減	△20,422	△38,829
外国為替（負債）の純増減（△）	△4,138	1,415
普通社債発行及び償還による増減（△）	△65,000	△5,000
信託勘定借の純増減（△）	△195,231	△118,627
資金運用による収入	445,180	459,012
資金調達による支出	△13,244	△35,639
その他	119,037	△45,742
小計	3,970,012	△5,158,457
法人税等の支払額又は還付額（△は支払）	△79,070	△49,124
営業活動によるキャッシュ・フロー	3,890,942	△5,207,582

	前連結会計年度 （自 2021年4月1日 至 2022年3月31日）	当連結会計年度 （自 2022年4月1日 至 2023年3月31日）
投資活動によるキャッシュ・フロー		
有価証券の取得による支出	△7,292,343	△5,827,579
有価証券の売却による収入	5,208,131	4,860,739
有価証券の償還による収入	1,179,014	597,420
有形固定資産の取得による支出	△11,961	△12,896
有形固定資産の売却による収入	4,311	2,297
無形固定資産の取得による支出	△10,502	△7,605
無形固定資産の売却による収入	2	—
持分法適用関連会社株式の取得による支出	△850	△538
その他	△1,786	△2,202
投資活動によるキャッシュ・フロー	△925,984	△390,365
財務活動によるキャッシュ・フロー		
劣後特約付社債の償還による支出	△60,000	—
配当金の支払額	△51,084	△50,401
非支配株主への配当金の支払額	△45	△8
自己株式の取得による支出	△58,516	△15,006
自己株式の売却による収入	619	1,381
連結の範囲の変更を伴わない子会社株式の取得による支出	△1,279	—
財務活動によるキャッシュ・フロー	△170,307	△64,034
現金及び現金同等物に係る換算差額	3	1
現金及び現金同等物の増減額（△は減少）	2,794,653	△5,661,980
現金及び現金同等物の期首残高	25,124,886	27,919,539
現金及び現金同等物の期末残高	※1 27,919,539	※1 22,257,558

【注記事項】
（連結財務諸表作成のための基本となる重要な事項）
1　連結の範囲に関する事項 ·································
（1）　連結子会社　33社 ·································

　主要な連結子会社名は、「第1企業の概況4関係会社の状況」に記載しているため省略しました。

　（連結の範囲の変更）

　　りそなデジタルハブ株式会社，FinBASE株式会社及び株式会社Loco Door は新規設立により，当連結会計年度から連結の範囲に含めております。みなとアセットリサーチ株式会社は清算により，当連結会計年度から連結の範囲より除外しております。

（2）　非連結子会社 ·································

　主要な会社名

Asahi Servicos e Representacoes Ltda.

株式会社葛飾冷機センター

　非連結子会社は，その資産，経常収益，当期純損益（持分に見合う額），利益剰余金（持分に見合う額）及びその他の包括利益累計額（持分に見合う額）等からみて，連結の範囲から除いても企業集団の財政状態及び経営成績に関する合理的な判断を妨げない程度に重要性が乏しいため，連結の範囲から除外しております。

（3）　他の会社等の議決権の過半数を自己の計算において所有しているにもかかわらず当該他の会社等を子会社としなかった場合の当該会社等 ·················

　会社等名

　扶桑商事株式会社

　　連結子会社であるベンチャーキャピタルが営業取引として投資育成目的で株式を所有しているものであり，傘下に入れる目的ではないため，当社の子会社として取り扱っておりません。

2 持分法の適用に関する事項 ･･････････････････････････････････････

（1） 持分法適用の非連結子会社 ･･････････････････････････････････

持分法適用の非連結子会社はありません。

（2） 持分法適用の関連会社　7社 ･･････････････････････････････

主要な会社名

　株式会社日本カストディ銀行

（持分法適用の範囲の変更）

　株式会社DACSは株式取得により，当連結会計年度から持分法適用の範囲に含めております。

（3） 持分法非適用の非連結子会社 ･･････････････････････････････

主要な会社名

Asahi Servicos e Representacoes Ltda.

株式会社葛飾冷機センター

（4） 持分法非適用の関連会社 ･･････････････････････････････････

主要な会社名

SAC Capital Private Limited

　持分法非適用の非連結子会社及び関連会社は，当期純損益（持分に見合う額），利益剰余金（持分に見合う額）及びその他の包括利益累計額（持分に見合う額）等からみて，持分法の対象から除いても連結財務諸表に重要な影響を与えないため，持分法の対象から除いております。

3 連結子会社の事業年度等に関する事項 ････････････････････････

（1）　連結子会社の決算日連結子会社の決算日は次のとおりであります。

　　12月末日　3社

　　3月末日　30社

（2）　上記の連結子会社については，それぞれの決算日の財務諸表により連結しております。連結決算日と上記の決算日との間に生じた重要な取引については，必要な調整を行っております。

4　会計方針に関する事項

（1）　特定取引資産・負債の評価基準及び収益・費用の計上基準

　金利，通貨の価格，金融商品市場における相場その他の指標に係る短期的な変動，市場間の格差等を利用して利益を得る等の目的（以下「特定取引目的」という。）の取引については，取引の約定時点を基準とし，連結貸借対照表上「特定取引資産」及び「特定取引負債」に計上するとともに，当該取引からの損益を連結損益計算書上「特定取引収益」及び「特定取引費用」に計上しております。

　特定取引資産及び特定取引負債の評価は，有価証券及び金銭債権等については連結決算日の時価により，スワップ・先物・オプション取引等の派生商品については連結決算日において決済したものとみなした額により行っております。

　また，特定取引収益及び特定取引費用の損益計上は，当連結会計年度中の受払利息等に，有価証券及び金銭債権等については前連結会計年度末と当連結会計年度末における評価損益の増減額を，派生商品については前連結会計年度末と当連結会計年度末におけるみなし決済からの損益相当額の増減額を加えております。

（2）有価証券の評価基準及び評価方法

　有価証券の評価は，満期保有目的の債券については移動平均法による償却原価法（定額法），持分法非適用の非連結子会社株式及び関連会社株式については移動平均法による原価法，その他有価証券については時価法（売却原価は主として移動平均法により算定），ただし市場価格のない株式等については移動平均法による原価法により行っております。

　なお，その他有価証券の評価差額については，全部純資産直入法により処理しております。

（3）　デリバティブ取引の評価基準及び評価方法

　デリバティブ取引（特定取引目的の取引を除く）の評価は，時価法により行っております。

（4）　固定資産の減価償却の方法

①　有形固定資産（リース資産を除く）

　有形固定資産は，建物については主として定額法，動産については主として定

率法を採用しております。

　また，主な耐用年数は次のとおりであります。

　　建　物：3年～50年

　　その他：2年～20年

② **無形固定資産（リース資産を除く）**

　無形固定資産は，定額法により償却しております。なお，自社利用のソフトウエアについては，当社及び連結子会社で定める利用可能期間（主として5年）に基づいて償却しております。

③ **リース資産**

　所有権移転外ファイナンス・リース取引に係る「有形固定資産」及び「無形固定資産」中のリース資産は，リース期間を耐用年数とした定額法により償却しております。なお，残存価額については，リース契約上に残価保証の取決めがあるものは当該残価保証額とし，それ以外のものは零としております。

　所有権移転ファイナンス・リース取引に係るリース資産は，自己所有の固定資産と同一の方法により償却しております。

(5)　繰延資産の処理方法 ･･･

　社債発行費及び株式交付費は支出時に全額費用として処理しております。

(6)　貸倒引当金の計上基準 ･･･

　主要な連結子会社の貸倒引当金は，予め定めている償却・引当基準に則り，次のとおり計上しております。

　破産, 特別清算等, 法的に経営破綻の事実が発生している債務者（以下「破綻先」という。）に係る債権及びそれと同等の状況にある債務者（以下「実質破綻先」という。）に係る債権については，下記直接減額後の帳簿価額から，担保の処分可能見込額及び保証による回収可能見込額を控除し，その残額を計上しております。また，現在は経営破綻の状況にないが，今後経営破綻に陥る可能性が大きいと認められる債務者（以下「破綻懸念先」という。）及び今後の管理に注意を要する債務者で与信額が一定額以上の大口債務者のうち，債権の元本の回収及び利息の受取りに係るキャッシュ・フローを合理的に見積もることができる債権については，当該キャッシュ・フローを当初の約定利子率で割引いた金額と債権の帳簿価額と

の差額を貸倒引当金とする方法（キャッシュ・フロー見積法）により計上しております。

　上記以外の破綻懸念先に対する債権，及び貸出条件や履行状況に問題のある債務者，業況が低調ないし不安定な債務者又は財務内容に問題のある債務者など今後の管理に注意を要する債務者（以下「要注意先」という。）で，当該債務者に対する債権の全部又は一部が要管理債権である債務者（以下「要管理先」という。）に対する債権については今後3年間，要管理先以外の要注意先及び業績が良好であり，かつ，財務内容にも特段の問題がないと認められる債務者（以下「正常先」という。）に対する債権については今後1年間の予想損失額を見込んで計上しております。これらの予想損失額の算定基礎となる予想損失率は1年間又は3年間の貸倒実績を基礎とした貸倒実績率の過去の一定期間における平均値に基づき損失率を求めたのち，これに将来予測等必要な修正として，当該損失率に比して景気循環等を加味したより長期の過去一定期間における平均値に基づく損失率が高い場合にはその差分を加味して算定するほか，一部の要注意先，要管理先及び破綻懸念先に係る予想損失率は，将来における貸倒損失の不確実性を適切に織り込む対応として，最近の期間における貸倒実績率の増加率を考慮して算定しております。特定海外債権については，対象国の政治経済情勢等に起因して生ずる損失見込額を特定海外債権引当勘定として計上しております。

　すべての債権は，資産の自己査定基準に基づき，営業関連部署が資産査定を実施し，当該部署から独立した資産監査部署が査定結果を監査しております。

　なお，破綻先及び実質破綻先に対する担保・保証付債権等については，債権額から担保の評価額及び保証による回収が可能と認められる額を控除した残額を取立不能見込額として債権額から直接減額しており，その金額は142,483百万円（前連結会計年度末は163,794百万円）であります。

　その他の連結子会社の貸倒引当金は，一般債権については過去の貸倒実績率等を勘案して必要と認めた額を，貸倒懸念債権等特定の債権については，個別に回収可能性を勘案し，回収不能見込額をそれぞれ計上しております。

(7)　投資損失引当金の計上基準 ···

　投資損失引当金は，投資に対する損失に備えるため，有価証券発行会社の財政

状態等を勘案して必要と認められる額を計上しております。

(8) 賞与引当金の計上基準 ···

　賞与引当金は，従業員への業績インセンティブ給与の支払いに備えるため，従業員に対する業績インセンティブ給与の支給見込額のうち，当連結会計年度に帰属する額を計上しております。

(9) その他の引当金の計上基準 ··

　その他の引当金は，将来発生が見込まれる費用または損失について合理的に見積もることができる金額を計上しております。

　主な内訳は次のとおりであります。

　預金払戻損失引当金14,829百万円（前連結会計年度末21,309百万円）

　負債計上を中止した預金について，将来の払戻請求に応じて発生する損失を見積もり，計上しております。

　信用保証協会負担金引当金5,281百万円（前連結会計年度末5,276百万円）

　信用保証協会の責任共有制度導入等に伴い，将来，負担金として発生する可能性のある費用を見積もり，計上しております。

　ポイント引当金　4,389百万円（前連結会計年度末4,513百万円）「りそなクラブ」等におけるポイントが将来利用される見込額を見積もり，計上しております。

(10) 退職給付に係る会計処理の方法 ·····································

　退職給付債務の算定にあたり，退職給付見込額を当連結会計年度末までの期間に帰属させる方法については給付算定式基準によっております。また，過去勤務費用及び数理計算上の差異の損益処理方法は次のとおりであります。

　過去勤務費用　　発生年度に一括して損益処理

　数理計算上の差異　各連結会計年度の発生時の従業員の平均残存勤務期間内の一定の年数（10年）による定額法により按分した額を，それぞれ発生の翌連結会計年度から損益処理

　なお，一部の連結子会社は，退職給付に係る負債及び退職給付費用の計算に，退職給付に係る期末自己都合要支給額を退職給付債務とする方法を用いた簡便法を適用しております。

(11) 収益の計上方法 ··

　「収益認識に関する会計基準」（企業会計基準第29号2020年3月31日）等を適用しており，約束した財又はサービスの支配が顧客に移転した時点で，当該財又はサービスと交換に受け取ると見込まれる金額で収益を認識しております。

　同基準が適用される顧客との契約から生じる収益は，「信託報酬」や「役務取引等収益」に含まれております。

　「信託報酬」は顧客から受託した信託財産を管理・運用することによる収益で，主にこれらのサービスが提供される期間にわたって収益を認識しております。

　「役務取引等収益」は，預金・貸出業務や為替業務などによるサービス提供からの収益が主要なものであります。

　預金・貸出業務に係る役務収益は，口座振替業務，インターネットバンキングサービスからの収益やシンジケートローン，コミットメントラインからの収益が含まれております。口座振替業務，インターネットバンキングサービスからの収益は，主としてこれらのサービスが提供された時点で，シンジケートローン，コミットメントラインからの収益はこれらのサービスが提供された時点又はこれらのサービスが提供される期間にわたって収益を認識しております。

　為替業務に係る役務収益は，主として国内外にわたる送金手数料による収益で，主としてこれらのサービスが提供された時点で収益を認識しております。

(12) 外貨建の資産及び負債の本邦通貨への換算基準 ··························

　銀行業を営む国内連結子会社の外貨建資産・負債は，取得時の為替相場による円換算額を付す関連会社株式を除き，主として連結決算日の為替相場による円換算額を付しております。

　その他の連結子会社の外貨建資産・負債については，それぞれの決算日等の為替相場により換算しております。

(13) 重要なヘッジ会計の方法 ·····································

① 金利リスク・ヘッジ

　銀行業を営む国内連結子会社の金融資産・負債から生じる金利リスクに対するヘッジ会計の方法は，「銀行業における金融商品会計基準適用に関する会計上及び監査上の取扱い」（日本公認会計士協会業種別委員会実務指針第24号2022

年3月17日。以下「業種別委員会実務指針第24号」という。）に規定する繰延ヘッジのほか，一部については個別ヘッジによる繰延ヘッジによっております。ヘッジ有効性評価の方法については，相場変動を相殺するヘッジについて，ヘッジ対象となる預金・貸出金等とヘッジ手段である金利スワップ取引等を一定の残存期間毎にグルーピングのうえ特定し評価しております。また，キャッシュ・フローを固定するヘッジについては，ヘッジ対象とヘッジ手段の金利変動要素の相関関係の検証により有効性の評価をしております。個別ヘッジについては，ヘッジ対象とヘッジ手段に関する重要な条件がほぼ同一であるため，これをもって有効性の判定に代えております。

② **為替変動リスク・ヘッジ**

銀行業を営む国内連結子会社の外貨建金融資産・負債から生じる為替変動リスクに対するヘッジ会計の方法は，「銀行業における外貨建取引等の会計処理に関する会計上及び監査上の取扱い」（日本公認会計士協会業種別委員会実務指針第25号2020年10月8日。以下「業種別委員会実務指針第25号」という。）に規定する繰延ヘッジによっております。ヘッジ有効性評価の方法については，外貨建金銭債権債務等の為替変動リスクを減殺する目的で行う通貨スワップ取引及び為替スワップ取引等をヘッジ手段とし，ヘッジ対象である外貨建金銭債権債務等に見合うヘッジ手段の外貨ポジション相当額が存在することを確認することによりヘッジの有効性を評価しております。

また，外貨建有価証券（債券以外）の為替変動リスクをヘッジするため，事前にヘッジ対象となる外貨建有価証券の銘柄を特定し，当該外貨建有価証券について外貨ベースで取得原価以上の直先負債が存在していること等を条件に包括ヘッジとして繰延ヘッジ及び時価ヘッジを適用しております。

③ **連結会社間取引等**

銀行業を営む国内連結子会社のデリバティブ取引のうち連結会社間及び特定取引勘定とそれ以外の勘定との間又は内部部門間の内部取引については，ヘッジ手段として指定している金利スワップ取引及び通貨スワップ取引等に対して，業種別委員会実務指針第24号及び同第25号に基づき，恣意性を排除し厳格なヘッジ運営が可能と認められる対外カバー取引の基準に準拠した運営を行っているため，

当該金利スワップ取引及び通貨スワップ取引等から生じる収益及び費用は消去せずに損益認識又は繰延処理を行っております。

なお，一部の資産・負債については，繰延ヘッジ，時価ヘッジ，あるいは金利スワップの特例処理を行っております。

（14） のれんの償却方法及び償却期間 ···

のれんについては，20年以内のその効果の及ぶ期間にわたって均等償却しております。

なお，重要性が乏しいものについては発生年度に全額償却しております。

（15） 連結キャッシュ・フロー計算書における資金の範囲 ·····················

連結キャッシュ・フロー計算書における資金の範囲は，連結貸借対照表上の「現金預け金」のうち現金及び日本銀行への預け金であります。

（16） 連結納税制度の適用 ···

当社及び一部の国内連結子会社は当社を連結納税親会社として，連結納税制度を適用しております。

（17） 役員向け株式給付信託 ···

当社は，当社並びに当社の連結子会社である株式会社りそな銀行及び株式会社埼玉りそな銀行の業務執行権限を有する役員を対象として，株式給付信託を活用した業績連動型株式報酬制度を導入しており，これに係る会計処理については，「従業員等に信託を通じて自社の株式を交付する取引に関する実務上の取扱い」（実務対応報告第30号 2015年3月26日）に準じた処理をしております。

（重要な会計の見積もり）

会計上の見積りにより当連結会計年度に係る連結財務諸表にその額を計上した項目であって，翌連結会計年度に係る連結財務諸表に重要な影響を及ぼす可能性があるものは，「貸倒引当金」であります。

（1） 当連結会計年度の連結財務諸表に計上した金額 ·······························

	前連結会計年度 （2022年3月31日）	当連結会計年度 （2023年3月31日）
貸倒引当金	233,691百万円	213,713百万円

(2) 重要な会計上の見積りの内容の理解に資するその他の情報 ‥‥‥‥‥‥‥‥

① 算出方法

　貸倒引当金算定に当たっては，貸出金を含む債権等について，原則として債務者の信用格付を実施し債務者区分の判定を行った上で，債権等の資金使途等の内容を個別に検討し，担保や保証等の状況を勘案の上，債権の回収の危険性又は価値の毀損の危険性の度合いに応じて，査定分類を行っております。

　当該引当金算出方法の詳細は，「連結財務諸表作成のための基本となる重要な事項4会計方針に関する事項 (6) 貸倒引当金の計上基準」に記載しております。

② 主要な仮定

　貸倒引当金に係る主要な仮定は，「債務者区分の判定における貸出先の将来の業績見通し」，「予想損失額の算定における将来見込み」であります。「債務者区分の判定における貸出先の将来の業績見通し」は，各債務者の収益獲得能力を個別に判定し，設定しております。また，「予想損失額の算定における将来見込み」は，過去平均値に基づく損失率に必要な修正を加えて設定しております。

　なお，これらの仮定は，将来の経済状況等様々な状況の変化によって影響を受ける可能性があります。

③ 翌連結会計年度の連結財務諸表に及ぼす影響

　個別貸出先の業績変化等により，当初の見積りに用いた仮定が変化した場合は，翌連結会計年度の連結財務諸表における貸倒引当金に重要な影響を及ぼす可能性があります。

（追加情報）

　2021年3月期以降，新型コロナウイルス感染症（以下，「コロナ感染症」）の感染拡大の影響分析に基づき，貸出金等に係る信用リスクに重要な影響が及ぶと推定される業種（以下，「コロナ感染症影響業種」）を選定し，当該業種に属する要注意先の貸出金等に内包する信用リスクを反映する目的で追加的な引当金を計上してきました。

　当連結会計年度末において，一部の国内グループ銀行を除き，コロナ感染症影響業種とそれ以外の業種における貸倒の発生状況の乖離がグループ全体で縮小傾向にあり，またコロナ感染症影響業種における当該影響に伴う信用リスク

は自己査定に基づく債務者区分の見直しを通じて要注意先に係る貸倒引当金の予想損失率に反映されている状況にあります。これらの状況等を踏まえ，当連結会計年度末において上述の追加的な引当金を計上せず，「連結財務諸表作成のための基本となる重要な事項4会計方針に関する事項 (6) 貸倒引当金の計上基準」に記載されているとおり，貸倒実績率の過去の一定期間における平均値に基づき算定した損失率に将来予測等必要な修正を考慮した予想損失額を見積ることで貸倒引当金を算定する方法に一本化しております。

(会計方針の変更)

時価の算定に関する会計基準の適用指針の適用

「時価の算定に関する会計基準の適用指針」（企業会計基準適用指針第31号 2021年6月17日。以下「時価算定会計基準適用指針」という。）を当連結会計年度の期首から適用し，時価算定会計基準適用指針第27-2項に定める経過的な取扱いに従って，時価算定会計基準適用指針が定める新たな会計方針を将来にわたって適用することといたしました。時価算定会計基準適用指針は，投資信託の時価の算定及び注記に関する取扱い並びに貸借対照表に持分相当額を純額で計上する組合等への出資の時価の注記に関する取扱いを定めたものであります。これによる連結財務諸表に与える影響はありません。

なお，「金融商品関係」注記の金融商品の時価のレベルごとの内訳等に関する事項における投資信託に関する注記事項においては，時価算定会計基準適用指針第27-3項に従って，前連結会計年度に係るものについては記載しておりません。

(未適用の会計基準等)
・「法人税，住民税及び事業税等に関する会計基準」（企業会計基準第27号 2022年10月28日）
・「包括利益の表示に関する会計基準」（企業会計基準第25号 2022年10月28日）
・「税効果会計に係る会計基準の適用指針」（企業会計基準適用指針第28号 2022年10月28日）
(1)　概要

その他の包括利益に対して課税される場合の法人税等の計上区分及びグループ法人税制が適用される場合の子会社株式等の売却に係る税効果の取扱いを定めるもの。

(2) 適用予定日

2025年3月期の期首より適用予定であります。

(3) 当該会計基準等の適用による影響

当連結財務諸表の作成時において評価中であります。

(追加情報)

従業員持株会支援信託ESOP

当社は，中長期的な企業価値向上に係るインセンティブ付与を目的として，従業員持株会に信託を通じて自社の株式を交付する取引（従業員持株会支援信託ESOP）を行っております。

(1) 取引の概要

当社がりそなホールディングス従業員持株会（以下「当社持株会」という。）に加入する従業員のうち一定の要件を充足する者を受益者とする信託を設定し，当該信託は信託期間中に当社持株会が取得すると見込まれる数の当社株式を，予め定める取得期間内に取得します。その後，当該信託は当社株式を毎月一定日に当社持株会に売却します。信託終了時に，株価の上昇等により信託収益がある場合には，期間中に取得した株式数等に応じて受益者たる従業員等に金銭が分配されます。株価の下落により譲渡損失が生じ信託財産に係る債務が残る場合には，責任財産限定特約付金銭消費貸借契約の保証条項に基づき，当社が一括して弁済することとなります。

(2) 信託に残存する自社の株式

信託に残存する当社株式を，信託における帳簿価額（付随費用の金額を除く。）により，純資産の部に自己株式として計上しております。当該自己株式の帳簿価額及び株式数は，6,163百万円，11,345千株（前連結会計年度7,440百万円，13,696千株）であります。

役員向け株式給付信託

　当社は，「連結財務諸表作成のための基本となる重要な事項4会計方針に関する事項（17）役員向け株式給付信託」に記載の業績連動型株式報酬制度を導入しております。

（1）　取引の概要

　　当社が，当社並びに当社の連結子会社である株式会社りそな銀行及び株式会社埼玉りそな銀行の業務執行権限を有する役員（以下あわせて，「当社グループ役員」という。）のうち株式給付規程に定める受益者要件を満たす者を受益者とする信託を設定し，当該信託は一定数の当社株式を，予め定める期間内に取得します。当社グループ役員に対しては，信託期間中，株式給付規程に基づき，役職位及び業績達成度等に応じて，ポイントが付与されます。中期経営計画の最終事業年度の業績確定後，株式給付規程に定める一定の受益者要件を満たした当社グループ役員に対して，付与されたポイントに応じた数の当社株式等を給付します。なお，本信託内にある当社株式に係る議決権については，経営への中立性を確保するため，信託期間中は一律不行使とします。

（2）　信託に残存する自社の株式

　　信託に残存する当社株式を，信託における帳簿価額（付随費用の金額を除く。）により，純資産の部に自己株式として計上しております。当該自己株式の帳簿価額及び株式数は，1,403百万円，3,789千株（前連結会計年度1,403百万円，3,789千株）であります。

グループ通算制度を適用する場合の会計処理及び開示に関する取扱い

　当社及び一部の国内連結子会社は，当連結会計年度から，連結納税制度からグループ通算制度へ移行しております。これに伴い，法人税及び地方法人税並びに税効果会計の会計処理及び開示については，「グループ通算制度を適用する場合の会計処理及び開示に関する取扱い」（実務対応報告第42号2021年8月12日。以下「実務対応報告42号」という。）に従っております。実務対応報告第42号第32項（1）に基づき，実務対応報告第42号の適用に伴う会計方針の変更による影響はないものとみなしております。

2 財務諸表等

(1) 【財務諸表】··

① 【貸借対照表】

	前事業年度 (2022年3月31日)	当事業年度 (2023年3月31日)
資産の部		
流動資産		
現金及び預金	※1 39,242	※1 104,367
前払費用	343	36
仮払金	472	—
未収収益	0	35
未収入金	18,283	668
未収消費税等	—	10
未収還付法人税等	—	11,903
その他	—	0
流動資産合計	58,342	117,022
固定資産		
有形固定資産		
工具、器具及び備品（純額）	4	8
有形固定資産合計	4	8
無形固定資産		
ソフトウエア	26	23
無形固定資産合計	26	23
投資その他の資産		
投資有価証券	729	4,584
関係会社株式	1,213,346	1,213,847
関係会社長期貸付金	24,500	—
繰延税金資産	213	187
その他	0	0
投資損失引当金	△1,247	△1,161
投資その他の資産合計	1,237,541	1,217,457
固定資産合計	1,237,572	1,217,488
資産合計	1,295,914	1,334,510

（単位：百万円）

	前事業年度 （2022年3月31日）	当事業年度 （2023年3月31日）
負債の部		
流動負債		
1年内償還予定の社債	60,000	55,000
未払金	292	674
未払費用	113	210
未払法人税等	6,204	25
未払消費税等	57	—
賞与引当金	777	565
役員賞与引当金	75	64
役員株式給付引当金	—	175
その他	420	421
流動負債合計	67,939	57,137
固定負債		
社債	105,000	105,000
関係会社長期借入金	72,447	130,837
役員株式給付引当金	130	—
固定負債合計	177,578	235,837
負債合計	245,518	292,974
純資産の部		
株主資本		
資本金	50,552	50,552
資本剰余金		
資本準備金	147,923	147,923
資本剰余金合計	147,923	147,923
利益剰余金		
その他利益剰余金		
繰越利益剰余金	860,878	851,049
利益剰余金合計	860,878	851,049
自己株式	△9,244	△8,154
株主資本合計	1,050,111	1,041,372
評価・換算差額等		
その他有価証券評価差額金	60	△52
評価・換算差額等合計	60	△52
新株予約権	224	215
純資産合計	1,050,396	1,041,535
負債純資産合計	1,295,914	1,334,510

② 【損益計算書】

	前事業年度 (自 2021年4月1日 至 2022年3月31日)	当事業年度 (自 2022年4月1日 至 2023年3月31日)
営業収益		
関係会社受取配当金	55,261	57,332
関係会社受入手数料	4,482	3,783
関係会社貸付金利息	285	71
営業収益合計	60,028	61,186
営業費用		
借入金利息	※2　135	※2　407
社債利息	307	319
社債発行費	—	222
販売費及び一般管理費	※1　6,933	※1　5,482
営業費用合計	7,376	6,432
営業利益	52,652	54,754
営業外収益		
有価証券利息	0	—
受取配当金	—	35
受取手数料	78	73
投資損失引当金戻入額	300	85
未払配当金除斥益	56	52
その他	21	28
営業外収益合計	458	274
営業外費用		
保証債務損失	488	—
その他	200	93
営業外費用合計	689	93
経常利益	52,421	54,935
税引前当期純利益	52,421	54,935
法人税、住民税及び事業税	△501	△499
法人税等調整額	△40	52
法人税等合計	△542	△446
当期純利益	52,963	55,382

③ 【株主資本等変動計算書】

前事業年度（自 2021年4月1日　至 2022年3月31日）

（単位：百万円）

	株主資本						
	資本金	資本剰余金			利益剰余金	自己株式	株主資本合計
		資本準備金	その他資本剰余金	資本剰余金合計	その他利益剰余金 繰越利益剰余金		
当期首残高	50,552	50,552	—	50,552	908,474	△2,478	1,007,101
当期変動額							
新株の発行		97,371		97,371			97,371
剰余金の配当					△49,611		△49,611
当期純利益					52,963		52,963
自己株式の取得						△58,516	△58,516
自己株式の処分			7	7		796	803
自己株式の消却			△50,955	△50,955		50,955	—
利益剰余金から 資本剰余金への振替			50,948	50,948	△50,948		
株主資本以外の項目の 当期変動額（純額）							
当期変動額合計	—	97,371	—	97,371	△47,595	△6,765	43,010
当期末残高	50,552	147,923	—	147,923	860,878	△9,244	1,050,111

	評価・換算差額等		新株予約権	純資産合計
	その他 有価証券 評価差額金	評価・換算 差額等合計		
当期首残高	—	—	—	1,007,101
当期変動額				
新株の発行				97,371
剰余金の配当				△49,611
当期純利益				52,963
自己株式の取得				△58,516
自己株式の処分				803
自己株式の消却				—
利益剰余金から 資本剰余金への振替				—
株主資本以外の項目の 当期変動額（純額）	60	60	224	285
当期変動額合計	60	60	224	43,295
当期末残高	60	60	224	1,050,396

当事業年度（自 2022 年 4 月 1 日　至 2023 年 3 月 31 日）

（単位：百万円）

	株主資本							
		資本剰余金			利益剰余金			
	資本金	資本準備金	その他資本剰余金	資本剰余金合計	その他利益剰余金 繰越利益剰余金	自己株式	株主資本合計	
当期首残高	50,552	147,923	—	147,923	860,878	△9,244	1,050,111	
当期変動額								
剰余金の配当					△50,401		△50,401	
当期純利益					55,382		55,382	
自己株式の取得						△15,006	△15,006	
自己株式の処分			△5	△5		1,292	1,286	
自己株式の消却			△14,804	△14,804		14,804	—	
利益剰余金から資本剰余金への振替			14,810	14,810	△14,810		—	
株主資本以外の項目の当期変動額（純額）								
当期変動額合計	—	—	—	—	△9,829	1,089	△8,739	
当期末残高	50,552	147,923	—	147,923	851,049	△8,154	1,041,372	

	評価・換算差額等		新株予約権	純資産合計
	その他有価証券評価差額金	評価・換算差額等合計		
当期首残高	60	60	224	1,050,396
当期変動額				
剰余金の配当				△50,401
当期純利益				55,382
自己株式の取得				△15,006
自己株式の処分				1,286
自己株式の消却				—
利益剰余金から資本剰余金への振替				—
株主資本以外の項目の当期変動額（純額）	△112	△112	△8	△121
当期変動額合計	△112	△112	△8	△8,861
当期末残高	△52	△52	215	1,041,535

【注記事項】

（重要な会計方針）

1　有価証券の評価基準及び評価方法 ･･･････････････････････････････････

(1)　満期保有目的の債券 ･･

移動平均法による償却原価法により行っております。

(2)　子会社株式及び関連会社株式 ････････････････････････････････････

移動平均法による原価法により行っております。

(3)　その他有価証券 ･･

時価法（売却原価は主として移動平均法により算定）により行っております。ただし市場価格のない株式等については移動平均法による原価法により行っております。なお，その他有価証券の評価差額については，全部純資産直入法により処理しております。

2　固定資産の減価償却の方法 ･･･････････････････････････････････････

(1)　有形固定資産（リース資産を除く）･･･････････････････････････････

有形固定資産は，定率法を採用しております。なお，耐用年数は次のとおりであります。

工具，器具及び備品：2年～20年

(2)　無形固定資産（リース資産を除く）･･･････････････････････････････

ソフトウエア：自社利用のソフトウエアについては，社内における利用可能期間（5年）に基づく定額法により償却しております。

3　繰延資産の処理方法 ･･･

社債発行費及び株式交付費は，支出時に全額費用として処理しております。

4　引当金の計上基準 ･･･

(1)　投資損失引当金 ･･･

投資損失引当金は，子会社への投資に対する損失に備えるため，当該会社の財政状態等を勘案して必要と認められる額を計上しております。

(2)　賞与引当金 ‥‥‥‥‥‥‥‥‥‥‥‥‥‥‥‥‥‥‥‥‥‥‥‥‥‥‥‥‥‥‥‥‥‥‥‥

　賞与引当金は，従業員への業績インセンティブ給与の支払いに備えるため，従業員に対する業績インセンティブ給与の支給見込額のうち，当事業年度に帰属する額を計上しております。

(3)　役員賞与引当金 ‥‥‥‥‥‥‥‥‥‥‥‥‥‥‥‥‥‥‥‥‥‥‥‥‥‥‥‥‥‥‥‥‥

　役員賞与引当金は，役員への年次インセンティブの支払いに備えるため，役員に対する年次インセンティブの支給見込額のうち，当事業年度に帰属する額を計上しております。

(4)　役員株式給付引当金 ‥‥‥‥‥‥‥‥‥‥‥‥‥‥‥‥‥‥‥‥‥‥‥‥‥‥‥‥‥

　役員株式給付引当金は，当社の役員への株式報酬制度における報酬支払いに備えるため，役員に対する報酬の支給見込額のうち，当事業年度までに発生していると認められる額を計上しております。

5　収益の計上方法 ‥‥‥‥‥‥‥‥‥‥‥‥‥‥‥‥‥‥‥‥‥‥‥‥‥‥‥‥‥‥‥‥‥‥

　「収益認識に関する会計基準」（企業会計基準第29号 2020年3月31日）等を適用しており，約束した財又はサービスの支配が顧客に移転した時点で，当該財又はサービスと交換に受け取ると見込まれる金額で収益を認識しております。

6　連結納税制度の適用 ‥‥‥‥‥‥‥‥‥‥‥‥‥‥‥‥‥‥‥‥‥‥‥‥‥‥‥‥‥‥

　当社を連結納税親会社として，連結納税制度を適用しております。

7　役員向け株式給付信託 ‥‥‥‥‥‥‥‥‥‥‥‥‥‥‥‥‥‥‥‥‥‥‥‥‥‥‥‥‥

　当社は，当社並びに当社の連結子会社である株式会社りそな銀行及び株式会社埼玉りそな銀行の業務執行権限を有する役員を対象として，株式給付信託を活用した業績連動型株式報酬制度を導入しており，これに係る会計処理については，「従業員等に信託を通じて自社の株式を交付する取引に関する実務上の取扱い」（実務対応報告第30号 2015年3月26日）に準じた処理をしております。

（会計方針の変更）

収益認識に関する会計基準等の適用

「時価の算定に関する会計基準の適用指針」（企業会計基準適用指針第31号2021年6月17日。以下「時価算定会計基準適用指針」という。）を当事業年度の期首から適用し，時価算定会計基準適用指針第27-2項に定める経過的な取扱いに従って，時価算定会計基準適用指針が定める新たな会計方針を将来にわたって適用することといたしました。時価算定会計基準適用指針は，投資信託の時価の算定及び注記に関する取扱い並びに貸借対照表に持分相当額を純額で計上する組合等への出資の時価の注記に関する取扱いを定めたものであります。なお，財務諸表に与える影響はありません。

（追加情報）

従業員持株会支援信託ESOP

当社は，中長期的な企業価値向上に係るインセンティブ付与を目的として，従業員持株会に信託を通じて自社の株式を交付する取引（従業員持株会支援信託ESOP）を行っております。

（1）　取引の概要

当社がりそなホールディングス従業員持株会（以下「当社持株会」という。）に加入する従業員のうち一定の要件を充足する者を受益者とする信託を設定し，当該信託は信託期間中に当社持株会が取得すると見込まれる数の当社株式を，予め定める取得期間内に取得します。その後，当該信託は当社株式を毎月一定日に当社持株会に売却します。信託終了時に，株価の上昇等により信託収益がある場合には，期間中に取得した株式数等に応じて受益者たる従業員等に金銭が分配されます。株価の下落により譲渡損失が生じ信託財産に係る債務が残る場合には，責任財産限定特約付金銭消費貸借契約の保証条項に基づき，当社が一括して弁済することとなります。

（2）　信託に残存する自社の株式

信託に残存する当社株式を，信託における帳簿価額（付随費用の金額を除く。）により，純資産の部に自己株式として計上しております。当該自己株式の帳簿価額及び株式数は，6,163百万円，11,345千株（前事業年度7,440百万円，

13,696千株) であります。

(3)　総額法の適用により計上された借入金の帳簿価額

　　5,837百万円 (前事業年度7,447百万円)

役員向け株式給付信託

　当社は,「重要な会計方針7役員向け株式給付信託」に記載の業績連動型株式報酬制度を導入しております。

(1)　取引の概要

　　当社が, 当社並びに当社の連結子会社である株式会社りそな銀行及び株式会社埼玉りそな銀行の業務執行権限を有する役員 (以下あわせて,「当社グループ役員」という。) のうち株式給付規程に定める受益者要件を満たす者を受益者とする信託を設定し, 当該信託は一定数の当社株式を, 予め定める期間内に取得します。当社グループ役員に対しては, 信託期間中, 株式給付規程に基づき, 役職位及び業績達成度等に応じて, ポイントが付与されます。中期経営計画の最終事業年度の業績確定後, 株式給付規程に定める一定の受益者要件を満たした当社グループ役員に対して, 付与されたポイントに応じた数の当社株式等を給付します。なお, 本信託内にある当社株式に係る議決権については, 経営への中立性を確保するため, 信託期間中は一律不行使とします。

(2)　信託に残存する自社の株式

　　信託に残存する当社株式を, 信託における帳簿価額 (付随費用の金額を除く。) により, 純資産の部に自己株式として計上しております。当該自己株式の帳簿価額及び株式数は, 1,403百万円, 3,789千株 (前事業年度1,403百万円, 3,789千株) であります。

グループ通算制度を適用する場合の会計処理及び開示に関する取扱い

　当社は, 当事業年度から, 連結納税制度からグループ通算制度へ移行しております。これに伴い, 法人税及び地方法人税並びに税効果会計の会計処理及び開示については,「グループ通算制度を適用する場合の会計処理及び開示に関する取扱い」(実務対応報告第42号2021年8月12日。以下「実務対応報告42号」という。) に従っております。実務対応報告第42号第32項 (1) に基づき, 実務対応報告第42号の適用に伴う会計方針の変更による影響はないものとみなしてお

ります。

第2章

金融業界の"今"を知ろう

企業の募集情報は手に入れた。しかし，それだけでは
まだ不十分。企業単位ではなく，業界全体を俯瞰する
視点は，面接などでもよく問われる重要ポイントだ。
この章では直近1年間の運輸業界を象徴する重大
ニュースをまとめるとともに，今後の展望について言
及している。また，章末には運輸業界における有名企
業（一部抜粋）のリストも記載してあるので，今後の就
職活動の参考にしてほしい。

▶▶おカネで動かす，日本と世界

金融 業界の動向

> 「金融」とは，金融取引に関わる業務に携わる業種である。銀行，
> 信用金庫・信用組合，証券，消費者金融，政府系の機関などがある。

❖ メガバンクの動向

　都市銀行，長期信用銀行の再編で誕生した国内メガバンクには，三菱UFJフィナンシャル・グループ，みずほフィナンシャルグループ，三井住友フィナンシャルグループの3グループがある。それぞれ，信託銀行や証券会社，資産運用会社を傘下に持ち，総合金融グループを形成している。

　2016年2月，日本銀行によって導入されたマイナス金利政策によって，銀行の収益は縮小が続いている。デジタル化の波が到来し，銀行業界は大きな変化を迫られている。

　特に象徴的なのが店舗であり，ネットバンキングの登場で店舗の来店客数は大幅に減少している。各社は店舗削減に踏み切り，三菱UFJは2024年度末までに2018年に500店舗あった店舗を約300店舗までに削減，みずほも500拠点のうち130拠点を減らす見込みだ。三井住友は店舗数は減らさないが，全体の4分の3にあたる300店舗について軽量店に転換していく。

●「生産性革命」の流れは金融業界にも

　三菱UFJフィナンシャル・グループ，みずほフィナンシャルグループ，三井住友フィナンシャルグループの2023年3月期連結決算は，純利益が3グループ合計で前期比5％増加した。新型コロナウイルス禍からの経済回復を受けて，国内外で貸し出しが伸びたことが原因だ。

　各メガバンクはその利益の4割前後を海外で稼いでおり，国内業務での収益の落ち込みを海外で補っていることから，国内業務の効率化やリストラが求められている。また，AIやフィンテックと呼ばれる金融IT技術により，従来の銀行業務そのものも減少。とくに資金決済など，銀行が担ってきた

業務が新しい仕組みに置き換わりつつあることも背景にある。コロナの影響は和らいできているものの，米金利の高止まりによる貸し倒れ増加のリスクは燻っており，各社ともに慎重な構えを見せている。

業界内では再編の動きも活発化している。三井住友フィナンシャルグループとりそなホールディングスは，2018年4月，傘下の関西地銀3行を経営統合。みずほフィナンシャルグループと三井住友トラスト・ホールディングスも，2018年10月にJTCホールディングスを設立。その後JTCホールディングスは日本トラスティ・サービス信託銀行，資産管理サービス信託銀行と統合，2020年に日本カストディ銀行が発足した。

また，グループ内でも，業務効率性，ガバナンス強化を含めた機能別再編が行われている。三井住友フィナンシャルグループでは，傘下のSMBC日興証券とSMBCフレンド証券を合併。三菱UFJフィナンシャル・グループでは，2018年4月に信託銀行の法人融資業務を銀行部門へ移管，その一方で，投信運用会社は証券会社などから信託銀行傘下へシフトさせる。同じような動きは，みずほフィナンシャルグループでも起こっている。

❖ 地方銀行の動向

全国の都道府県を基本的な営業基盤とする「地方銀行」は，社団法人地方銀行協会に加盟する62行と，前身が相互銀行で社団法人第二地方銀行協会に加盟する37行の「第二地銀」で，合わせて99行ある。

の2023年3月期決算における地銀100行のコア業務純益は1兆6818億円と昨年に比べて約10％増加したが，有価証券の含み損の処理で債券関係損益が6385億円の損失。結果，純利益は8776億円と約2.7％の微増となった。

さらに，地方では地元工場の海外移転，少子高齢化に伴う人口減少が進む地域も多く，銀行間の競争も激化している。加えて，金融庁は，地銀に対して，不動産などの担保や保証を元に機械的に貸し出しの可否を判断するのではなく，企業の事業内容や将来性を踏まえた「事業性評価」に基づいて融資する「顧客本位の業務運営（フィデューシャリー・デューティー）」を求めており，地方創生における地銀の力に期待もしている。収益環境の改善を図りつつ，地域経済の活性化に寄与する，この期待にどのように応えていくか，地銀の知恵が問われている。

●経営効率の改善を目指した統合，グループ化と抱える課題

　金融庁は地方の金融システムを維持するため，再編や統合を含めた経営改善を求めており，地銀も収益環境の改善に向け，都道府県をまたいだ広域での連携，グループ化を模索，地銀同士の再編や連携の動きが加速している。

　2018年5月には，東京TYフィナンシャルグループと新銀行東京が合併し，きらぼし銀行に，2019年4月にはふくおかフィナンシャルグループと十八銀行の経営統合がなされた。2020年10月にも長崎県の十八銀行と親和銀行が合併し十八親和銀行となった。2021年も1月に新潟県の第四銀行と北越銀行が合併し第四北越銀行に，5月に三重県の第三銀行と三重銀行が合併し三十三銀行となった。22年4月にも青森銀行とみちのく銀行が経営統合。さらに10月には愛知銀行と中京銀行も経営統合を行った。23年6月には八十二銀行と長野銀行が経営統合，横浜銀行も神奈川銀行を完全子会社化した。さらに10月にはふくおかフィナンシャルグループが福岡中央銀行を完全子会社化した。

　再編の動きは今後も続いていく見込みだ。一時は県内シェアの高まりから公正取引委員会が統合に難色を示していたが，政府が独占禁止法の除外を認める特例法を定めたことで後押しする形となった。

❖ 信用金庫・信用組合の動向

　信用金庫・信用組合は，出資者である会員，組合員から預金を集め，中小の事業主や個人に融資を行う。営業エリアが限定されており，出資者の相互扶助を目的とする非営利団体で，全国に信用金庫が254，信用組合が143ある。

　非営利団体とはいえ金融機関である以上，健全な経営が必須となる。信用金庫全体の預貸率（預金に対する貸出金の比率）は，2014年4月以降，5割を下回る状況が続き，2017年3月，3年ぶりに5割を回復したが，引き続き収益環境は厳しい状況にある。そのため，地銀やメガバンク同様，再編の動きが活発化している。北海道では，2017年1月に江差信金と函館信金が合併した。2018年1月には札幌信金と北海信金，小樽信金が合併して，北海道信金が発足。預金額は1兆円を超えた。また，同時期，宮崎でも，

宮崎信金と都城信金が合併し，宮崎都城信金が発足した。岡山県の備前信金と日生信金も2020年2月に統合し備前日生信用金庫となった。2020年9月にも北陸信用金庫と鶴来信用金庫が合併し，はくさん信用金庫となった。

　地域と密接に結びつく信金・信組にとって地方創生は死活問題であり，地元の中小企業やベンチャー企業の支援に力を入れているところも増えている。地域経済活性化支援機構（REVIC）と組んでファンドを設立したり，企業の課題を解決するライフステージ別サポートプログラムの提供，インバウンド需要の取り込みに係る支援，また，農林水産業の6次産業化支援など，新しい試みを実施している。

❖ 証券会社の動向

　証券会社には，野村ホールディングス，大和証券ホールディングスといった独立系大手と，三大メガバンク系列，中堅各社，ネット系といったグループがある。主な収入源は，個人向けでは，顧客が株式売買で負担する手数料や投資信託の販売に係る手数料などが，法人向けでは増資や社債発行時の手数料，M&Aのアドバイス料などとなる。

　投資信託では，投資家から資金を預かり，投資判断，売買，コンサルティングなどを包括的に行う「ラップ口座」や，積み立て投資信託など，相場動向に左右されず，資産残高に応じて収入が得られる資産管理型ビジネスを強化している。メガバンク系列では，銀行と連携し，その顧客を取り込むなど，資産残高を増すために知恵を絞っている。

●大型M&Aにおいて，フィナンシャル・アドバイザーに

　メガバンク系の証券会社は，海外企業がからむM&A（合併・買収）にかかわる業務も増えている。みずほ証券は，ソフトバンクグループが3兆3000億円で英国の半導体企業アームを買収する際，財務アドバイザーを担当する1社となった。三菱UFJモルガン・スタンレー証券も，コマツによる米ジョイ・グローバル社の買収やキヤノンによる東芝メディカルシステムズの買収など，大型M&Aにおいてフィナンシャル・アドバイザーを努めている。

　また銀行と同じく，証券会社でも業界再編の動きが目立つ。2017年3月には，東海東京フィナンシャル・ホールディングスが，大阪の高木証券を完全子会社化したほか，地方銀行と合弁で各地に証券会社を設立する計画

を進めている。2018年1月には，三井住友フィナンシャルグループが，傘下のSMBC日興証券とSMBCフレンド証券を合併。7月には中堅の藍澤証券が，日本アジア証券を買収・合併した。

❖ 流通系・ネット銀行の動向

　リアルな店舗を持たずに，インターネット上で営業するネット銀行は，自由な取引時間や手数料の安さのほか，ネットやカードに関連したサービスに対する強みを活かして，若年層を中心に利用者を増やしている。コロナ禍で若年層の投資家が増え，口座連結するネット証券での金融商品の決算用に使う利用者が増えていることが要因のひとつと考えられる。

●フィンテック革命で進む，API接続

　ネット銀行においては，世界規模で進むフィンテック革命が，追い風となることは間違いない。フィンテックは，金融（Finance）と技術（Technology）を組み合わせた米国発の造語で，スマートフォンを使った決済や資産運用，ビッグデータ，人工知能（AI）などを活用した金融サービスのことを指す。

　運用においては，銀行システムを外部のサービスと接続するための「API」（アプリケーション・プログラミング・インターフェース）がポイントとなる。金融機関ではこれまで，セキュリティ，正確なデータの保存などの観点から，外部のソフトウエアとのデータ連携には積極的ではなかった。しかし，効率的に顧客の多様なニーズに応える新たなサービスを提供するには，外部との連携が不可欠であり，自行のAPIを公開する「オープンAPI」の動きも高まっている。住信SBIネット銀行は2016年，銀行システムを外部のサービスと接続するためのAPIを日本で初めて公開した。ジャパンネット銀行もまた，同様の取り組みを積極的に進めている。このように，最新のIT技術を駆使して，金融業界のあり方を「安く，早く，便利に」変えていこうとする動きが活性化している。

❖ ネット証券会社の動向

　現在，個人の株式投資のうち，実に8割がネットを通じた取引といわれている。ネット証券では，SBI証券と楽天証券が2強で，ネット取引の安さと自由さを武器にリテールでシェアを拡大してきた。2024年からは新NISAが開始されるなど，業界への注目度は高まっている。

　順調に成長してきたネット証券業界だが，楽観視できない状況もある。業界では取引手数料の引き下げ競争が激化。SBI証券は2023年度に手数料の無料化に踏み込んだ。収益モデルの変更に回らざるをえない会社にとっては苦境が続くとみられる。

●FTX破綻の影響大きく　復活の途上

　ネット上でやり取りする暗号資産。2009年に登場したビットコイン以降，その種類は増え続けており，暗号資産を投機目的で保有している人は珍しい存在ではなくなった。

　2020年には120兆円にせまる国内取引額だったが，2022年の世界大手の交換所，FTXの経営破綻。さらにはFTXの創業者が詐欺罪で有罪判決をうけるなど，暗号資産への信頼が劇的に下がった。2022年度の取引額は約25兆円と前年比で6割減。相場が一変した影響が大きくあらわれた。

　しかし価格は底打ちし，国内交換所の業績は好転。メルカリ子会社のメルコインなどはサービス開始から3カ月で50万人が口座を解説するなど明るい材料も多い。

金融業界

直近の業界各社の関連ニュースを
ななめ読みしておこう。

福井銀行、福邦銀行を合併へ　まず24年に完全子会社化

福井銀行は10日、子会社の福邦銀行（福井市）を合併する方針を発表した。
2024年までに株式交換を完了させ、26年には2行体制となっている福井銀
行と福邦銀行の合併を目指す。統合でシステムや人材配置の最適化を行い、グ
ループ化している2行のシナジー（相乗効果）の最大化を目指す。

両行は10日、福邦銀行の完全子会社化に向けた基本合意書を締結した。24
年6月の株主総会で承認されれば同年10月に完全子会社化を完了する。26
年には両行を合併して単一ブランドにする方針も明らかにした。合併後の名称
については未定としている。

福井銀行は21年、福邦銀行の第三者割当増資を引き受ける形で同行を連結子
会社化していた。2行体制のもと人材交流などを進めたが、合併でさらに人材
配置を効率化する。福井銀行の長谷川英一頭取は記者会見で「人材の融和は進
んでいる。合併によってグループのシナジーを最大化する」と説明した。

10日に発表した23年4～9月期の連結決算では、純利益が前年同期比11%
減の17億円だった。野村証券との事業提携にともなう先行投資の費用や外貨
の調達コストの増加などを計上し、福井銀行単体の投信解約損益をのぞいたコ
ア業務純益が前年同期比31%減の20億円だった。

（2023年11月10日　日本経済新聞）

住宅ローン、ネット銀行が主役　低金利競争で3メガ苦戦

住宅ローンの担い手が大手銀行からネット銀行に移っている。3メガバンクグ
ループの有価証券報告書によると、2023年3月末時点の貸出残高の合計は
33.4兆円と10年間で約10兆円減少した。代わりに台頭しているのがネット

銀行で、店舗に依存しない低コスト経営を武器に激しさを増す低金利競争を
リードしている。

ネット銀行の中でも勢いがあるのが、3月末に上場した住信SBIネット銀行だ。
22年度の住宅ローン新規実行額は1.4兆円で、それぞれ1兆円以下の3メガ
バンクを大幅に上回った。人工知能（AI）を駆使することで審査にかかる費用
を抑えている。

実際、同行の変動型の新規貸出金利は0.32％と、3メガバンクで最も低い三
菱UFJ銀行の0.345％を下回る。借り換えの場合は0.299％まで下がる。貸
出残高も3月末時点で5.3兆円とみずほ銀行の7.5兆円に近づいている。

auじぶん銀行は22年3月から23年6月の1年3カ月の新規実行額が1兆円
程度に増えた。同行はKDDIの通信サービスと電気を契約すれば、変動型金利
が新規で0.219％、借り換えで0.198％まで下がる。PayPay銀行も新規の
借入金利を0.319％、借り換えを0.29％に下げるキャンペーンを始めた。

ネット銀行の攻勢を受け、メガバンクは戦略の再構築を余儀なくされている。
「住宅ローンはコモディティー化しており、今後は脱力していく」。みずほフィ
ナンシャルグループの木原正裕社長は、5月の新中期経営計画の説明会で住宅
ローンの拡大路線を転換すると述べた。22年度の新規実行額は4300億円と
前の年度比で14％減り、22〜25年度は残高を数兆円規模で削減する。

三菱UFJ銀行は22年度の新規実行額が7000億円強と前の年度比で1割減っ
た。契約時に指定した期間がたつとローンの残高と同額で住宅を売却できる「残
価設定型住宅ローン」の取り扱いを3月から始めるなど商品内容で工夫を凝らす。
三井住友銀行も店舗削減やデジタル化にカジを切り、残高が減少する時期が続
いた。ただ、コスト削減が一巡したこともあり、22年度の新規実行額は
9857億円と3年連続で増加。個人向け総合金融サービス「Olive（オリーブ）」
で住宅ローン契約者にポイントを上乗せするなど反転攻勢をかけている。

ほかの大手銀行も試行錯誤を繰り返している。りそなホールディングスは住宅
ローンの残高を26年3月末までに1兆円増やす目標を掲げた。断熱性能の高
い低炭素住宅を金利優遇の対象に加えるなど環境配慮型に特化する。三井住
友信託銀行はローン契約者の自筆証書遺言を無料で預かるなど信託の強みを生
かす。

変動型金利の引き下げ競争は終わりが見えない。モゲチェックによれば、7月
のネット銀行の変動型金利の平均は0.386％と過去最低を更新した。auじぶ
ん銀行や住信SBIネット銀行は、グループ内の生命保険会社と連携して団体信
用生命保険（団信）の拡充に動くなどさらなる差別化に動いている。

住宅ローンは競争激化による利ざやの縮小で、メガバンクにとってもうからない商品になりつつある。それでも資産運用や保険といった顧客との継続的な取引の起点になることを考えれば、撤退するわけにもいかない。メガバンクは正念場を迎えている。

（2023年7月10日　日本経済新聞）

3メガ銀、新卒採用8年ぶり増　三井住友は専門コース3倍

メガバンクが8年ぶりに新卒採用を増やす。3メガの2024年入行の採用計画は合計で約1200人強と23年比で1割増える。三井住友銀行はデータ分析などの専門コースの採用を3倍超にする。支店の統廃合などを背景に新卒採用を減らしてきたが、デジタル人材を中心に採用増にかじを切る。新事業の創出やリスク管理の強化に加え、大量採用世代の退職を見据えて人員を補強する側面もある。

3メガの採用数は直近ピークの16年卒で5000人を超えたが、その後は右肩下がりで23年卒は約1070人まで減った。ネットバンキングの普及や店舗統廃合により、新卒を大量採用して全国に配置する必要性が薄れたためだ。24年入行は一転して三井住友銀行と、傘下の銀行や信託銀行などをまとめて採用するみずほフィナンシャルグループ（FG）が人数を増やす。

三井住友銀行の24年入行は、23年比で3割増の465人を計画する。リスクアナリストやデータサイエンス、サイバーセキュリティーの3つのコースを新設した。専門コースの採用数は40人前後を目標とし、23年比で3倍超にする。三井住友の菅家哲朗・人事部採用グループ長は「専門に勉強した人や長期インターンをしていた人など即戦力となる人材を専門コースで集めたい」と話す。

みずほFGは銀行と信託銀行に、IT（情報技術）システムのコースと事務効率化を企画するコースを新たに設けた。学生の希望に沿ってキャリアを決めたうえで採る「オーダーメード型」も新設。キャリアを特定する採用は23年比6割増の210人を計画し、全体では500人と3割増える見通し。

りそな銀行と埼玉りそな銀行も計545人と4割増やす。三菱UFJ銀行は全体の採用数は減るが、グローバルやデジタル、財務会計など専門コースの採用数は23年比5割増の100人程度を目指す。

（2023年4月6日　日本経済新聞）

３メガ銀、合併後最大の賃上げへ　三井住友はベア２.５％

３メガバンクが2023年度に、基本給を底上げするベースアップ（ベア）をそろって実施する。３行が同時にベアに踏み切るのは８年ぶり。三井住友銀行は29日に2.5％のベアを決め、従業員組合の要求に満額回答した。足元の物価上昇に加えて他業種との人材争奪も激しくなるなか、３メガ銀は2000年代の合併で誕生してから最大の賃上げに踏み切る。

三井住友銀行とみずほ銀行は合併後で最大となる2.5％のベアに踏み切る。三菱UFJ銀行は上げ幅を非公表としているが、賞与を含む総支払額の引き上げを合併後最大となる2.7％実施する方針だ。

りそな銀行と埼玉りそな銀行は、このほどベアと定期昇給を合わせて約５％の賃上げ実施を組合に回答した。非正規を含む全社員が対象となる。

ベアだけでなく、研修や手当を組み合わせて従業員への還元も増やす。三井住友銀行は定昇や賞与、教育・研修などの人的資本投資で実質７％の賃上げにあたる待遇改善を実施。みずほ銀行も同様の施策で６％の待遇改善をする。三菱UFJ銀行は昇格・登用、支援金などを合わせて実質的に平均７％超の賃上げをする。

（2023年３月29日　日本経済新聞）

横浜銀行「県内顧客基盤広げる」　神奈川銀行と経営統合

コンコルディア・フィナンシャルグループ（FG）傘下の横浜銀行と神奈川銀行は３日、経営統合することで合意した。合併はせず神奈川銀行を横浜銀行の完全子会社とすることを目指す。横浜銀は県内の中堅企業以上を、神奈川銀が中小零細企業を担い、県内の顧客基盤のさらなる強化を図る。関東で初めての「一県一グループ」体制となる。

横浜銀の片岡達也頭取は３日の記者会見で「神奈川県内の顧客基盤を拡大し対面営業を強化する。資本や人材など経営資源を集約し、経営基盤の強化をはかる」と経営統合の意図を説明した。神奈川銀の近藤和明頭取は「グループ内の資金融通などで積極的な融資に踏み切れるようになる」と期待をにじませた。

神奈川銀は1953年神奈川相互銀行として設立され、89年に普通銀行に転換した第二地方銀行だ。2022年３月時点で34ある本支店は全て県内にあり、

名実ともに神奈川県を地盤としている。

横浜銀は7.76％（22年3月末）を出資する大株主で、これまでも神奈川銀との連携を深めてきた。相互ATMの手数料優遇や、SDGs（持続可能な開発目標）関連の融資商品のノウハウの提供など個々の業務での提携を進めていた。横浜銀の出身者が神奈川銀の経営陣に派遣されることも多く、近年では横浜銀出身者が頭取に就任することが続いていた。

（2023年2月3日　日本経済新聞）

ネット証券が戦略転換、富裕層も　マネックスは専業会社

インターネット証券があまり力を入れてこなかった富裕層ビジネスを強化する。マネックスグループは専業会社を立ち上げた。SBIホールディングスは銀行との共同店舗を軸に顧客を開拓する。営業拠点や担当者を置き、リアルで顧客を増やす。株式売買などの手数料を下げてネットで個人投資家を取り込む戦略には限界が見えており、収益の多角化を急ぐ。

SBIや楽天証券は口座数で野村証券を上回る規模に成長し、足元でも口座開設の伸びは高水準だが、新規客は投資信託の積み立てなど少額の利用者であることが多い。顧客は増えても利益にはつながりにくい。そこで多額の預かり資産を見込める富裕層にも照準を合わせる。

保有する金融資産がおおむね1億円を超える日本の富裕層人口は世界で2番目に多く、資産額は10年間で7割増えた。成長市場とみて経営資源を割り振る。後発のネット証券がシェアを取るのは容易ではない。

マネックスは21年に富裕層向けの事業を始め、22年10月にマネックスPBとして分社化した。商品やシステムはグループの共通基盤を活用して富裕層営業に特化する。22年11月に東京に次ぐ2カ所目の拠点を名古屋市に開いた。担当者も増やして営業を強化する。

地域金融機関との提携で事業を伸ばす。地方にいる中小企業経営者や不動産オーナーなどの資産家に対して、地域金融機関は資産運用や事業承継の需要をとらえきれていない。マネックスPBの足立哲社長は「大阪や福岡にも拠点をつくって全国をカバーする体制を整えたい」と話す。

SBIは銀行との共同店舗「SBIマネープラザ」を軸に富裕層を開拓する。2月にSBI新生銀行との共同店舗を東京・銀座に開く。東和銀行や清水銀行など出資先との共同店舗も全国に展開してきた。新規株式公開（IPO）支援などを通し

て取引する企業オーナーらの資産運用ニーズを取り込んでいく。

楽天証券は富裕層向けの営業部隊を自社に持たない。提携する約120の金融商品仲介業者を通して富裕層向けに運用をプロに任せる商品などを提供する。仲介業者を経由した預かり資産残高は1兆円を超えた。

ネット証券が実店舗を運営すればコストがかかる。ネット証券は金融商品の幅広いラインアップを強みにする一方、富裕層向けサービスのノウハウは大手金融機関に比べ見劣りする。経験者を中途採用するなどして体制の整備を急ぐ。

（2023年1月25日　日本経済新聞）

八十二銀と長野銀が統合合意、システムは八十二銀に

八十二銀行と長野銀行は20日、経営統合で最終合意したと発表した。今後、長野銀株1株に八十二銀株2.54株を割り当てる株式交換を実施。6月1日付で八十二銀が長野銀を完全子会社にした後で早期に合併する。長引く低金利や高齢化の加速など地域金融機関の稼ぐ力が衰えるなか、経営基盤をより強固にして生き残りを目指す。

両行が同日開いた取締役会で統合を決議した。東洋大学国際学部の野崎浩成教授は、直近の株価などをもとに決められた株式交換比率について「市場の評価と整合しており妥当な結果と考えられる」とした。長野銀が3月24日に開催予定の臨時株主総会で承認を受けたうえで実施する。長野銀は5月30日付で上場廃止となる。

完全子会社化後の早い段階で両行は合併する計画。22年9月末の統合方針発表時には合併時期を「約2年後をメド」としていたが、八十二銀の松下正樹頭取は20日の会見で「より早く統合効果を出すためにもできるだけ早期に合併したい」と話した。

合併で重要な基幹システムについては現在、八十二銀が日本IBM、長野銀はNTTデータのシステムを活用している。松下頭取は「八十二銀には関連会社を含めて300人のシステム要員がおり、八十二銀のシステムを基本にしていく」と説明した。

（2023年1月20日　日本経済新聞）

現職者・退職者が語る 金融業界の口コミ
※編集部に寄せられた情報を基に作成

▶労働環境

職種：法人営業　　年齢・性別：20代後半・男性

- 実績をあげていれば有給取得や定時帰り等はスムーズにできます。案件が立て込むときと，閑散期とで残業時間は大きく変わります。
- 年間を通した進行が見通せれば，自分の予定を立てやすいです。
- 休日出勤は案件によっては必要になる場合もあります。

職種：個人営業　　年齢・性別：30代後半・女性

- 総合職として入社すると3カ月間に渡る新入社員研修があります。
- FPや証券アナリスト講座などを受ける機会が定期的にあります。
- 業務は多忙ですが，資格を取得しておけばその後の人生に有利かと。
- 語学に自信があれば社内選考に挑戦し海外赴任という道もあります。

職種：外商　　年齢・性別：20代前半・男性

- 仕事は全てトップダウンで決められていきます。
- 経営陣からブロック長，支店長と上から目標が与えられてきます。
- コンプライアンスに関して厳しく，手続等細かく決められています。自分で工夫を行う余地は少なく，体育会系気質の会社と言えます。

職種：経営幹部　　年齢・性別：30代前半・男性

- 大企業なだけあって休暇日数は多め，有給休暇も取りやすいです。連続休暇制度も整っており，毎年旅行に行く社員も多いみたいです。支店であれば20時までには帰らされ，土日出勤もほぼありません。
- 業務量は非常に多いので，退社時間は個人の実力次第となります。

▶福利厚生

職種：個人営業　　年齢・性別：20代後半・男性

- 日本や海外にも保養所があるなど，福利厚生は充実しています。
- 年に2回のリフレッシュ休暇（土日を含めて9連休）があります。
- 資格取得のための費用は全て会社が持ってくれます。
- 転勤が多いため，家賃はほぼ全額会社が負担してくれます。

職種：投資銀行業務　　年齢・性別：20代後半・男性

- 2カ月に1回有給休暇が取れるスポット休暇という制度があります。
- 住宅補助については独身寮と，借り上げ社宅制度があります。
- 独身寮は安くていいのですが，プライベートは全くないと言えます。
- 労働時間については，1日あたり12時間程度はあります。

職種：個人営業　　年齢・性別：20代後半・男性

- 福利厚生はとても充実していると思います。
- 土日を合わせて9連休が1回，5連休が1回，毎年必ず取れます。
- 年間5回まで取れる，1日スポットの休暇もあります。
- 住宅補助は職階にもよりますが，最低でも家賃の3分の2が出ます。

職種：個人営業　　年齢・性別：20代後半・女性

- 財形貯蓄や出産育児支援等，福利厚生はしっかりしています。
- 有給休暇は初年度より20日間付与されるため，休みは多いです。
- 有給休暇以外に連続5日間（土日含めて9日間）の休暇も取れます。
- 食事補助もあるので，食堂があれば一食300円以下で食べられます。

▶仕事のやりがい

職種：経営幹部　　年齢・性別：30代前半・男性

- 日本経済の原動力となっている中小企業を顧客としていることです。
- 経営者の想いや事業にかける情熱に触れられるのは貴重な経験です。
- 信頼関係を基に，企業の根幹を支える必要資金の供給を行います。
- 事業成長のためのソリューションを提供できたときは感慨一入です。

職種：法人営業　　年齢・性別：20代後半・男性

- ホールセール営業の規模も大きくとてもやりがいがあります。
- やる気と仕事効率がよければ上司も期待値を込め評価してくれます。
- 人間関係はめぐり合わせと思えれば，楽しい環境に感じられるはず。
- 同期入社と比べられることも多いですが，仲間の存在は心強いです。

職種：個人営業　　年齢・性別：20代後半・男性

- 扱う金額が大きいのでかなり刺激的な仕事だと思います。
- なかなか出会えないような経営者や高額納税者と仕事ができます。
- 信頼を勝ち取って取引につながったときのやりがいは大きいです。他の業界ではあまり経験できないことだと思います。

職種：個人営業　　年齢・性別：20代後半・男性

- 評価制度が透明で，ワークライフバランスも適度に調整できます。
- 社員の雰囲気も良く，社内の風通しが非常に良いです。
- 繁忙期に数字を達成した時には，非常にやりがいを感じます。
- 社会貢献度も高く，前向きに仕事ができる環境だと思います。

▶ブラック？ホワイト？

> 職種：営業　　年齢・性別：30代後半・男性
>
> ・出世は，大卒で就職したプロパーが最優先です。
> ・中途採用者は全体の2％程度で，専門職の穴埋めという位置です。
> ・人事を決める役員・部長クラスには中途採用者はほぼいません。
> ・管理職になれなくても，給与はそれほど悪くはありません。

> 職種：法人営業　　年齢・性別：20代後半・男性
>
> ・昭和的な企業文化が色濃く残っており，出る杭は打たれやすいです。
> ・結果が出せれば，希望する職種・仕事への挑戦も認められます。
> ・法人営業で数字が出せない場合，体育会系の詰めがある場合も。
> ・逆境に耐えられるメンタルの強さが必要だと思います。

> 職種：個人営業　　年齢・性別：20代後半・女性
>
> ・営業職でがんばっていこうと思っている人にはいい会社です。
> ・成果は厳しく，イエスマンでなければ出世は望めないようです。
> ・営業職は給与に男女差はないので女性も働きやすいです。
> ・事務方は気配り根回し上手でないと出世はかなり狭き門のようです。

> 職種：営業　　年齢・性別：30代前半・男性
>
> ・社風は体育会系で，先輩の命令は絶対，縦の規律が厳しいです。
> ・営業数字，すなわち結果がすべてで，過程は評価されません。
> ・優先順位は，会社のため＞自分自身のため＞お客のためが鉄則です。
> ・社内のイベントは参加必須で，不参加なんてありえません。

▶女性の働きやすさ

職種：事務管理　　年齢・性別：20代後半・女性

・出産育児休暇，時短勤務については制度が整っていると思います。
・なかには計画的に取得し，2年程産休育休を取っている人もいます。
・出産後のキャリアについては，昇進とは縁遠くなる印象があります。
・子供がいる女性の管理職もいますが，昇進スピードは遅いです。

職種：法人営業　　年齢・性別：30代後半・男性

・女性総合職の大半は結婚や親の介護を理由に辞めてしまいます。
・女性総合職は本店や海外，大きな店舗に行く傾向が高いようです。
・今は女性支社長も誕生し，大きな仕事を任される人も増えています。
・女性総合職自体が少ないので，管理職はいまだ少数です。

職種：個人営業　　年齢・性別：20代後半・女性

・女性が多い職場だけに，産休育休制度は整っています。
・法定の産休のほか，育児休暇は2歳まで，男女とも取得可能です。
・職場復帰後は子供が小学3年生になるまで時短勤務を利用できます。
・一般職の女性の多くは，2年間の育児休暇を取得しているようです。

職種：貿易，国際業務　　年齢・性別：20代後半・女性

・女性役職者は年々増え，女性であってもキャリアアップが狙えます。
・産休制度や育休制度，時短制度など福利厚生面も充実しています。
・一般職だと時短も取りやすく，出産後も働き続けやすいと思います。
・総合職だと顧客都合などでワークライフバランスは正直望めません。

▶ 今後の展望

職種：営業　　年齢・性別：20代後半・男性

- ・ ファイナンス分野における専門知識に乏しい人が多く先行きが不安。
- ・ 各社員がスキルアップできる人事改革が必要だと思います。
- ・ 2，3年ごとに全く異なる部門へ異動する制度の弊害だと思います。
- ・ 会社の発展には組織体制の改革が必要だと思います。

職種：法人営業　　年齢・性別：20代後半・男性

- ・ 外資保険業界との金融商品の開発と共存が課題となります。
- ・ 一般顧客への金融商品の勧誘と信託部門との連携の強化も必要に。
- ・ 各社共，信託部門の拡大と顧客の勧誘には力を入れているようです。
- ・ 今後の業界の方向性としては信託部門の拡大が主になると思います。

職種：法人営業　　年齢・性別：20代後半・男性

- ・ 圧倒的なネットワークにより，海外進出は収益の柱となるでしょう。
- ・ ただ，大組織故の意思決定の遅さは，営業には致命的なハンデかと。
- ・ 海外事業という他のメガバンクを圧倒できる強みは非常に貴重です。
- ・ 今後はアジアへの進出をより強化していくようです。

職種：法人営業　　年齢・性別：50代後半・男性

- ・ 地元では抜群の知名度と安定感がありますが，競争は厳しいです。
- ・ 地銀らしくアットホームな感じですが，成果は常に求められます。
- ・ 近年では投資信託等，手数料ビジネスが中心となってきています。
- ・ 最近では，アジアを中心とした海外展開にも力を入れています。

金融業界　国内企業リスト（一部抜粋）

区別	会社名	本社住所
銀行業	島根銀行	島根県松江市東本町二丁目 35 番地
	じもとホールディングス	仙台市青葉区一番町二丁目 1 番 1 号 仙台銀行ビル 9 階
	新生銀行	東京都中央区日本橋室町 2-4-3 日本橋室町野村ビル
	あおぞら銀行	東京都千代田区九段南 1-3-1
	三菱 UFJ フィナンシャル・グループ	東京都千代田区丸の内二丁目 7 番 1 号
	りそなホールディングス	東京都江東区木場 1 丁目 5 番 65 号 深川ギャザリア W2 棟
	三井住友 トラスト・ホールディングス	東京都千代田区丸の内 1-4-1
	三井住友 フィナンシャルグループ	東京都千代田区丸の内一丁目 1 番 2 号
	第四銀行	新潟市中央区東堀前通七番町 1071 番地 1
	北越銀行	新潟県長岡市大手通二丁目 2 番地 14
	西日本シティ銀行	福岡市博多区博多駅前三丁目 1 番 1 号
	千葉銀行	千葉県千葉市中央区千葉港 1-2
	横浜銀行	神奈川県横浜市西区みなとみらい 3 丁目 1 番 1 号
	常陽銀行	茨城県水戸市南町 2 丁目 5 番 5 号
	群馬銀行	群馬県前橋市元総社町 194 番地
	武蔵野銀行	さいたま市大宮区桜木町一丁目 10 番地 8
	千葉興業銀行	千葉県千葉市美浜区幸町 2 丁目 1 番 2 号
	筑波銀行	茨城県土浦市中央二丁目 11 番 7 号
	東京都民銀行	東京都港区六本木 2 丁目 3 番 11 号七十七銀行
	青森銀行	青森市橋本一丁目 9 番 30 号
	秋田銀行	秋田県秋田市山王三丁目 2 番 1 号
	山形銀行	山形市七日町三丁目 1 番 2 号
	岩手銀行	盛岡市中央通一丁目 2 番 3 号
	東邦銀行	福島市大町 3-25
	東北銀行	盛岡市内丸 3 番 1 号

区別	会社名	本社住所
銀行業	みちのく銀行	青森市勝田一丁目3番1号
	ふくおかフィナンシャルグループ	福岡県福岡市中央区大手門一丁目8番3号
	静岡銀行	静岡県静岡市葵区呉服町1丁目10番地
	十六銀行	岐阜県岐阜市神田町8丁目26
	スルガ銀行	静岡県沼津市通横町23番地
	八十二銀行	長野市大字中御所字岡田178番地8
	山梨中央銀行	甲府市丸の内一丁目20番8号
	大垣共立銀行	岐阜県大垣市郭町3丁目98番地
	福井銀行	福井県福井市順化1丁目1番1号
	北國銀行	石川県金沢市下堤町1番地
	清水銀行	静岡県静岡市清水区富士見町2番1号
	滋賀銀行	滋賀県大津市浜町1番38号
	南都銀行	奈良市橋本町16番地
	百五銀行	三重県津市岩田21番27号
	京都銀行	京都市下京区烏丸通松原上る薬師前町700番地
	紀陽銀行	和歌山市本町1丁目35番地
	三重銀行	三重県四日市市西新地7番8号
	ほくほくフィナンシャルグループ	富山県富山市堤町通り1丁目2番26号
	広島銀行	広島市中区紙屋町1丁目3番8号
	山陰合同銀行	島根県松江市魚町10番地
	中国銀行	岡山市北区丸の内1丁目15番20号
	鳥取銀行	鳥取県鳥取市永楽温泉町171番地
	伊予銀行	松山市南堀端町1番地
	百十四銀行	香川県高松市亀井町5番地の1
	四国銀行	高知市南はりまや町一丁目1番1号
	阿波銀行	徳島市西船場町二丁目24番地の1
	鹿児島銀行	鹿児島市金生町6番6号
	大分銀行	大分市府内町3丁目4番1号

区別	会社名	本社住所
銀行業	宮崎銀行	宮崎県宮崎市橘通東四丁目3番5号
	肥後銀行	熊本市中央区紺屋町1丁目13番地5
	佐賀銀行	佐賀市唐人二丁目7番20号
	十八銀行	長崎市銅座町1番11号
	沖縄銀行	那覇市久茂地3－10－1
	琉球銀行	沖縄県那覇市久茂地1丁目11番1号
	八千代銀行	新宿区新宿5-9-2
	セブン銀行	東京都千代田区丸の内1-6-1
	みずほフィナンシャルグループ	東京都千代田区丸の内2丁目5番1号 丸の内二丁目ビル
	山口フィナンシャルグループ	山口県下関市竹崎町4丁目2番36号
	長野銀行	松本市渚2丁目9番38号
	名古屋銀行	名古屋市中区錦三丁目19番17号
	北洋銀行	札幌市中央区大通西3丁目7番地
	愛知銀行	愛知県名古屋市中区栄3-14-12
	第三銀行	三重県松阪市京町510番地
	中京銀行	名古屋市中区栄三丁目33番13号
	東日本銀行	東京都中央区日本橋3-11-2
	大光銀行	長岡市大手通一丁目5番地6
	愛媛銀行	愛媛県松山市勝山町2-1
	トマト銀行	岡山市北区番町2丁目3番4号
	みなと銀行	神戸市中央区三宮町2丁目1番1号
	京葉銀行	千葉県千葉市中央区富士見1-11-11
	関西アーバン銀行	大阪府大阪市中央区西心斎橋1丁目2番4号
	栃木銀行	栃木県宇都宮市西2-1-18
	北日本銀行	岩手県盛岡市中央通一丁目6番7号
	東和銀行	群馬県前橋市本町二丁目12番6号
	福島銀行	福島県福島市万世町2-5
	大東銀行	福島県郡山市中町19番1号
	トモニホールディングス	香川県高松市亀井町7番地1

区別	会社名	本社住所
銀行業	フィデアホールディングス	宮城県仙台市青葉区中央三丁目 1 番 24 号
	池田泉州ホールディングス	大阪府大阪市北区茶屋町 18 番 14 号
証券・商品先物取引業	FPG	東京都千代田区丸の内 2 丁目 3 番 2 号 郵船ビル 7F
	SBI ホールディングス	東京都港区六本木一丁目 6 番 1 号
	日本アジア投資	東京都千代田区神田錦町三丁目 11 番地 精興竹橋共同ビル
	ジャフコ	東京都千代田区大手町 1-5-1 大手町ファーストスクエア　ウエストタワー 11 階
	大和証券グループ本社	東京都千代田区丸の内一丁目 9 番 1 号 グラントウキョウ　ノースタワー
	野村ホールディングス	東京都中央区日本橋 1-9-1
	岡三証券グループ	東京都中央区日本橋一丁目 17 番 6 号
	丸三証券	東京都千代田区麹町三丁目 3 番 6
	東洋証券	東京都中央区八丁堀 4-7-1
	東海東京フィナンシャル・ホールディングス	東京都中央区日本橋三丁目 6 番 2 号
	光世証券	大阪市中央区北浜二丁目 1 － 10
	水戸証券	東京都中央区日本橋二丁目 3 番 10 号
	いちよし証券	東京都中央区八丁堀二丁目 14 番 1 号
	松井証券	東京都千代田区麹町一丁目 4 番地
	だいこう証券ビジネス	東京都中央区日本橋兜町 13 番 1 号
	マネックスグループ	東京都千代田区麹町二丁目 4 番地 1 麹町大通りビル 13 階
	カブドットコム証券	東京都千代田区大手町 1-3-2　経団連会館 6F
	極東証券	東京都中央区日本橋茅場町 1-4-7
	岩井コスモホールディングス	大阪市中央区今橋 1 丁目 8 番 12 号
	マネーパートナーズグループ	東京都港区六本木一丁目 6 番 1 号 泉ガーデンタワー 16 階
	小林洋行	東京都中央区日本橋蛎殻町一丁目 15 番 7 号 小林洋行ビル 2 号館

区別	会社名	本社住所
その他金融業	全国保証	東京都千代田区大手町二丁目1番1号 大手町野村ビル
	クレディセゾン	東京都豊島区東池袋 3-1-1 サンシャイン 60・52F
	アクリーティブ	千葉県市川市南八幡 4-9-1
	芙蓉総合リース	東京都千代田区三崎町 3-3-23 ニチレイビル
	興銀リース	東京都港区虎ノ門一丁目2番6号
	東京センチュリーリース	東京都千代田区神田練塀町3 富士ソフトビル
	日本証券金融	東京都中央区日本橋茅場町 1-2-10
	アイフル	京都市下京区烏丸通五条上る高砂町 381-1
	ポケットカード	東京都港区芝1丁目5番9号 住友不動産芝ビル2号館
	リコーリース	東京都江東区東雲一丁目7番12号
	イオンフィナンシャルサービス	千葉県千葉市美浜区中瀬 1-5-1 イオンタワー
	アコム	東京都千代田区丸の内二丁目1番1号 明治安田生命ビル
	ジャックス	東京都渋谷区恵比寿4丁目1番18号 恵比寿ネオナート
	オリエントコーポレーション	東京都千代田区麹町5丁目2番地1
	日立キャピタル	東京都港区西新橋二丁目15番12号（日立愛宕別館）
	アプラスフィナンシャル	大阪市中央区南船場一丁目17番26号
	オリックス	東京都港区浜松町2丁目4番1号 世界貿易センタービル
	三菱 UFJ リース	東京都千代田区丸の内 1-5-1 新丸の内ビルディング
	日本取引所グループ	東京都中央区日本橋兜町 2-1
	イー・ギャランティ	東京都港区赤坂 5-3-1 赤坂サカス内 赤坂 Biz タワー 37 階
	アサックス	東京都渋谷区広尾1丁目3番14号
	NEC キャピタルソリューション	東京都港区港南二丁目15番3号 （品川インターシティ C 棟）

第**3**章

就職活動のはじめかた

入りたい会社は決まった。しかし「就職活動とはそもそ
も何をしていいのかわからない」「どんな流れで進むか
わからない」という声は意外と多い。ここでは就職活
動の一般的な流れや内容，対策について解説していく。

▶就職活動のスケジュール

3月	**4月**	**6月**

就職活動スタート

2025年卒の就活スケジュールは,経団連と政府を中心に議論され,2024年卒の採用選考スケジュールから概ね変更なしとされている。

エントリー受付・提出

OB・OG訪問

企業の説明会には積極的に参加しよう。独自の企業研究だけでは見えてこなかった新たな情報を得る機会であるとともに,モチベーションアップにもつながる。また,説明会に参加した者だけに配布する資料などもある。

合同企業説明会　　**個別企業説明会**

筆記試験・面接試験等始まる（3月〜）

内々定（大手企業）

2月末までにやっておきたいこと

就職活動が本格化する前に,以下のことに取り組んでおこう。
　◎自己分析　◎インターンシップ　◎筆記試験対策
　◎業界研究・企業研究　◎学内就職ガイダンス
自分が本当にやりたいことはなにか,自分の能力を最大限に活かせる会社はどこか。自己分析と企業研究を重ね,それを文章などにして明確にしておき,面接時に最大限に活用できるようにしておこう。

7月	**8**月	**10**月

中小企業採用本格化

内定者の数が採用予定数に満たない企業，1年を通して採用を継続している企業，夏休み以降に採用活動を実施企業（後期採用）は採用活動を継続して行っている。大企業でも後期採用を行っていることもあるので，企業から内定が出ても，納得がいかなければ継続して就職活動を行うこともある。

中小企業の採用が本格化するのは大手企業より少し遅いこの時期から。HPなどで採用情報をつかむとともに，企業研究も怠らないようにしよう。

内々定とは10月1日以前に通知（電話等）されるもの。内定に関しては現在協定があり，10月1日以降に文書等にて通知される。

内々定（中小企業）

内定式（10月〜）

どんな人物が求められる？

多くの企業は，常識やコミュニケーション能力があり，社会のできごとに高い関心を持っている人物を求めている。これは「会社の一員として将来の企業発展に寄与してくれるか」という視点に基づく，もっとも普遍的な選考基準だ。もちろん，「自社の志望を真剣に考えているか」「自社の製品，サービスにどれだけの関心を向けているか」という熱意の部分も重要な要素になる。

就活ロールプレイ！

理論編 STEP 1 　就職活動のスタート

内定までの道のりは，大きく分けると以下のようになる。

自 己 分 析
↓
企 業 研 究
↓
エントリーシート・筆記試験・面接
↓
内　　定

01 まず自己分析からスタート

　就職活動とは，「企業に自分をPRすること」。自分自身の興味，価値観に加えて，強み・能力という要素が加わって，初めて企業側に「自分が働いたら，こういうポイントで貢献できる」と自分自身を売り込むことができるようになる。

■自分の来た道を振り返る

　自己分析をするための第一歩は，「振り返ってみる」こと。

　小学校，中学校など自分のいた“場”ごとに何をしたか（部活動など），何を学んだか，交友関係はどうだったか，興味のあったこと，覚えている印象的なことを書き出してみよう。

■テストを受けてみる

　“自分では気がついていない能力”を客観的に検査してもらうことで，自分に向いている職種が見えてくる。下記の5種類が代表的なものだ。

①職業適性検査　②知能検査　③性格検査

④職業興味検査　⑤創造性検査

■**先輩や専門家に相談してみる**

　就職活動をするうえでは，"いかに他人に自分のことをわかってもらうか"が重要なポイント。他者の視点で自分を分析してもらうことで，より客観的な視点で自己PRができるようになる。

自己分析の流れ

❏過去の経験を書いてみる

❏現在の自己イメージを明確にする…行動，考え方，好きなものなど。

❏他人から見た自分を明確にする

❏将来の自分を明確にしてみる…どのような生活をおくっていたいか。期待，夢，願望。なりたい自分はどういうものか，掘り下げて考える。→自己分析結果を，志望動機につなげていく。

理論編 STEP2　企業の情報を収集する

01 企業の絞り込み

　志望企業の絞り込みについての考え方は大きく分けて2つある。

　第1は，同一業種の中で1次候補，2次候補……と絞り込んでいく方法。

　第2は，業種を1次，2次，3次候補と変えながら，それぞれに2社程度ずつ絞り込んでいく方法。

　第1の方法では，志望する同一業種の中で，一流企業，中堅企業，中小企業，縁故などがある歯止めの会社……というふうに絞り込んでいく。

　第2の方法では，自分が最も望んでいる業種，将来好きになれそうな業種，発展性のある業種，安定性のある業種，現在好況な業種……というふうに区別して，それぞれに適当な会社を絞り込んでいく。

02 情報の収集場所

・キャリアセンター

・新聞

・インターネット

・企業情報

『就職四季報』（東洋経済新報社刊），『日経会社情報』（日本経済新聞社刊）などの企業情報。この種の資料は本来"株式市場"についての資料だが，その時期の景気動向を含めた情報を仕入れることができる。

・経済雑誌

『ダイヤモンド』（ダイヤモンド社刊）や『東洋経済』（東洋経済新報社刊），『エコノミスト』（毎日新聞出版刊）など。

・OB・OG／社会人

03 志望企業をチェック

①成長力

まず"売上高"。次に資本力の問題や利益率などの比率。いくら資本金があっても，それを上回る膨大な借金を抱えていて，いくら稼いでも利払いに追われまくるようでは，成長できないし，安定できない。

成長力を見るには自己資本率を割り出してみる。自己資本を総資本で割って100を掛けると自己資本率がパーセントで出てくる。自己資本の比率が高いほうが成長力もあり安定度も高い。

利益率は純利益を売上高で割って100を掛ける。利益率が高ければ，企業はどんどん成長するし，社員の待遇も上昇する。利益率が低いということは，仕事がどんなに忙しくても利益にはつながらないということになる。

②技術力

技術力は，短期的な見方と長期的な展望が必要になってくる。研究部門が適切な規模か，大学など企業外の研究部門との連絡があるか，先端技術の分野で開発を続けているかどうかなど。

③経営者と経営形態

会社が将来，どのような発展をするか，または衰退するかは経営者の経営哲学，経営方針によるところが大きい。社長の経歴を知ることも必要。創始者の息子，孫といった親族が社長をしているのか，サラリーマン社長か，官庁などからの天下りかということも大切なチェックポイント。

④社風

社風というのは先輩社員から後輩社員に伝えられ，教えられるもの。社風もいろいろな面から必ずチェックしよう。

⑤安定性

企業が成長しているか，安定しているかということは車の両輪。どちらか片方の回転が遅くなっても企業はバランスを失う。安定し，しかも成長する。これが企業として最も理想とするところ。

⑥待遇

初任給だけを考えてみても，それが手取りなのか，基本給なのか。基本給というのはボーナスから退職金，定期昇給の金額にまで響いてくる。また，待遇というのは給与ばかりではなく，福利厚生施設でも大きな差が出てくる。

■そのほかの会社比較の基準

1. ゆとり度

休暇制度は，企業によって独自のものを設定しているところもある。「長期休暇制度」といったものなどの制定状況と，また実際に取得できているかどうかも調べたい。

2. 独身寮や住宅設備

最近では，社宅は廃止し，住宅手当を多く出すという流れもある。寮や社宅についての福利厚生は調べておく。

3. オフィス環境

会社に根づいた慣習や社員に対する考え方が，意外にオフィスの設備やレイアウトに表れている場合がある。

たとえば，個人の専有スペースの広さや区切り方，パソコンなどOA機器の設置状況，上司と部下の机の配置など，会社によってずいぶん違うもの。玄関ロビーや受付の様子を観察するだけでも，会社ごとのカラーや特徴がどこかに見えてくる。

4. 勤務地

転勤はイヤ，どうしても特定の地域で生活していきたい。そんな声に応えて，最近は流通業などを中心に，勤務地限定の雇用制度を取り入れる企業も増えている。

---

column 初任給では分からない本当の給与

会社の給与水準には「初任給」「平均給与」「平均ボーナス」「モデル給与」など，判断材料となるいくつかのデータがある。これらのデータからその会社の給料の優劣を判断するのは非常に難しい。

たとえば中小企業の中には，初任給が飛び抜けて高い会社がときどきある。しかしその後の昇給率は大きくないのがほとんど。

一方，大手企業の初任給は業種間や企業間の差が小さく，ほとんど横並びと言っていい。そこで，「平均給与」や「平均ボーナス」などで将来の予測をするわけだが，これは一応の目安とはなるが，個人差があるので正確とは言えない。

04 就職ノートの作成

■決定版「就職ノート」はこう作る

　1冊にすべて書き込みたいという人には，ルーズリーフ形式のノートがお勧め。会社研究，スケジュール，時事用語，OB／OG訪問，切り抜きなどの項目を作りインデックスをつける。

　カレンダー，説明会，試験などのスケジュール表を貼り，とくに会社別の説明会，面談，書類提出，試験の日程がひと目で分かる表なども作っておく。そして見開き2ページで1社を載せ，左ページに企業研究，右ページには志望理由，自己PRなどを整理する。

就職ノートの主なチェック項目

❏企業研究…資本金，業務内容，従業員数など基礎的な会社概要から，過去の採用状況，業務報告などのデータ

❏採用試験メモ…日程，条件，提出書類，採用方法，試験の傾向など

❏店舗・営業所見学メモ…流通関係，銀行などの場合は，客として訪問し，商品（値段，使用価値，ユーザーへの配慮），店員（接客態度，商品知識，熱意，親切度），店舗（ショーケース，陳列の工夫，店内の清潔さ）などの面をチェック

❏OB／OG訪問メモ…OB／OGの名前，連絡先，訪問日時，面談場所，質疑応答のポイント，印象など

❏会社訪問メモ…連絡先，人事担当者名，会社までの交通機関，最寄り駅からの地図，訪問のときに得た情報や印象，訪問にいたるまでの経過も記入

　「OB／OG訪問」は，実際は採用予備選考開始。まず，OB／OG訪問を希望したら，大学のキャリアセンター，教授などの紹介で，志望企業に勤める先輩の手がかりをつかむ。もちろん直接電話なり手紙で，自分の意向を会社側に伝えてもいい。自分の在籍大学，学部をはっきり言って，「先輩を紹介していただけないでしょうか」と依頼しよう。

参考 ▶ ## OB／OG訪問時の質問リスト例

●**採用について**

- ・成績と面接の比重
- ・評価のポイント
- ・採用までのプロセス（日程）
- ・筆記試験の傾向と対策
- ・面接は何回あるか
- ・コネの効力はどうか
- ・面接で質問される事項　etc.

●**仕事について**

- ・内容（入社10年，20年のOB/OG）　・新入社員の仕事
- ・希望職種につけるのか　　　　　　・やりがいはどうか
- ・残業，休日出勤，出張など　　　　・同業他社と比較してどうか　etc.

●**社風について**

- ・社内のムード　　　　　　・上司や同僚との関係
- ・仕事のさせ方　etc.

●**待遇について**

- ・給与について　　　　　　・福利厚生の状態
- ・昇進のスピード　　　　　・離職率について　etc.

インターンシップとは，学生向けに企業が用意している「就業体験」プログラム。ここで学生はさまざまな企業の実態をより深く知ることができ，その後の就職活動において自己分析，業界研究，職種選びなどに活かすことができる。また企業側にとっても有能な学生を発掘できるというメリットがあるため，導入する企業は増えている。

インターンシップ参加が採用につながっているケースもあるため，たくさん参加してみよう。

column コネを利用するのも１つの手段？

コネを活用できるのは，以下のような場合である。

・企業と大学に何らかの「連絡」がある場合

　企業の新卒採用の場合，特定校・指定校が決められていることもある。企業側が過去の実績などに基づいて決めており，大学の力が大きくものをいう。

　とくに理工系では，指導教授や研究室と企業との連絡が密接な場合が多く，教授の推薦が有利であることは言うまでもない。同じ大学出身の先輩とのコネも，この部類に区分できる。

・志望企業と「関係」ある人と関係がある場合

　一般的に言えば，志望企業の取り引き先関係からの紹介というのが一番多い。ただし，年間億単位の実績が必要で，しかも部長・役員以上につながっていなければコネがあるとは言えない。

・志望企業と何らかの「親しい関係」がある場合

　志望企業に勤務したりアルバイトをしていたことがあるという場合。インターンシップもここに分類される。職場にも馴染みがあり人間関係もできているので，就職に際してきわめて有利。

・志望会社に関係する人と「縁故」がある場合

　縁故を「血縁関係」とした場合，日本企業ではこのコネはかなり有効なところもある。ただし，血縁者が同じ会社にいるというのは不都合なことも多いので，どの企業も慎重。

1. 受付の様子

受付事務がテキパキとしていて，分かりやすいかどうか。社員の態度が親切で誠意が伝わってくるかどうか。

こういった受付の様子からでも，その会社の社員教育の程度や，新入社員採用に対する熱意とか期待を推し測ることができる。

2. 控え室の様子

控え室が２カ所以上あって，国立大学と私立大学の訪問者とが，別々に案内されているようなことはないか。また，面談の順番を意図的に変えているようなことはないか。これはよくある例で，すでに大半は内定しているということを意味する場合が多い。

3. 社内の雰囲気

社員の話し方，その内容を耳にはさむだけでも，社風が伝わってくる。

4. 面談の様子

何時間も待たせたあげくに，きわめて事務的に，しかも投げやりな質問しかしないような採用担当者である場合，この会社は人事が適正に行われていないということだから，一考したほうがよい。

参考 ▶ 説明会での質問項目

・質問内容が抽象的でなく，具体性のあるものかどうか。

・質問内容は，現在の社会・経済・政治などの情況を踏まえた，
　大学生らしい高度で専門性のあるものか。

・質問をするのはいいが，「それでは，あなたの意見はどうか」と
　逆に聞かれたとき，自分なりの見解が述べられるものであるか。

　提出する書類は6種類。①～③が大学に申請する書類，④～⑥が自分で書く書類だ。大学に申請する書類は一度に何枚も入手しておこう。

- ①「卒業見込証明書」
- ②「成績証明書」
- ③「健康診断書」
- ④「履歴書」
- ⑤「エントリーシート」
- ⑥「会社説明会アンケート」

■自分で書く書類は「自己PR」

　第1次面接に進めるか否かは「自分で書く書類」の出来にかかっている。「履歴書」と「エントリーシート」は会社説明会に行く前に準備しておくもの。「会社説明会アンケート」は説明会の際に書き，その場で提出する書類だ。

01 履歴書とエントリーシートの違い

　Webエントリーを受け付けている企業に資料請求をすると，資料と一緒に「エントリーシート」が送られてくるので，応募サイトのフォームやメールでエントリーシートを送付する。Webエントリーを行っていない企業には，ハガキやメールで資料請求をする必要があるが，「エントリーシート」は履歴書とは異なり，企業が設定した設問に対して回答するもの。すなわちこれが「1次試験」であり，これにパスをした人だけが会社説明会に呼ばれる。

■字はていねいに

字を書くところから，その企業に対する“本気度”は測られている。

■誤字，脱字は厳禁

使用するのは，黒のインク。

■修正液使用は不可

■数字は算用数字

■自分の広告を作るつもりで書く

自分はこういう人間であり，何がしたいかということを簡潔に書く。メリットになることだけで良い。自分に損になるようなことを書く必要はない。

■「やる気」を示す具体的なエピソードを

「私はやる気があります」「私は根気があります」という抽象的な表現だけではNG。それを示すエピソードのようなものを書かなくては意味がない。

─Point─

自己紹介欄の項目はすべて「自己PR」。自分はこういう人間であることを印象づけ，それがさらに企業への「志望動機」につながっていくような書き方をする。

column 履歴書やエントリーシートは，共通でもいい？

「履歴書」や「エントリーシート」は企業によって書き分ける。業種はもちろん，同じ業界の企業であっても求めている人材が違うからだ。各書類は提出前にコピーを取り，さらに出した企業名を忘れずに書いておくことも大切だ。

写真	スナップ写真は不可。 スーツ着用で,胸から上の物を使用する。ポイントは「清潔感」。 氏名・大学名を裏書きしておく。
日付	郵送の場合は投函する日,持参する場合は持参日の日付を記入する。
生年月日	西暦は避ける。元号を省略せずに記入する。
氏名	戸籍上の漢字を使う。印鑑押印欄があれば忘れずに押す。
住所	フリガナ欄がカタカナであればカタカナで,平仮名であれば平仮名で記載する。
学歴	最初の行の中央部に「学□□歴」と2文字程度間隔を空けて,中学校卒業から大学（卒業・卒業見込み）まで記入する。 中途退学の場合は,理由を簡潔に記載する。留年は記入する必要はない。 職歴がなければ,最終学歴の一段下の行の右隅に,「以上」と記載する。
職歴	最終学歴の一段下の行の中央部に「職□□歴」と2文字程度間隔を空け記入する。 「株式会社」や「有限会社」など,所属部門を省略しないで記入する。 「同上」や「〃」で省略しない。 最終職歴の一段下の行の右隅に,「以上」と記載する。
資格・免許	4級以下は記載しない。学習中のものも記載して良い。 「普通自動車第一種運転免許」など,省略せずに記載する。
趣味・特技	具体的に（例：読書でもジャンルや好きな作家を）記入する。
志望理由	その企業の強みや良い所を見つけ出したうえで,「自分の得意な事」がどう活かせるかなどを考えぬいたものを記入する。
自己PR	応募企業の事業内容や職種にリンクするような,自分の経験やスキルなどを記入する。
本人希望欄	面接の連絡方法,希望職種・勤務地などを記入する。「特になし」や空白はNG。
家族構成	最初に世帯主を書き,次に配偶者,それから家族を祖父母,兄弟姉妹の順に。続柄は,本人から見た間柄。兄嫁は,義姉と書く。
健康状態	「良好」が一般的。

理論編 STEP4 エントリーシートの記入

01 エントリーシートの目的

・応募者を，決められた採用予定者数に絞り込むこと

・面接時の資料にする

の2つ。

■知りたいのは職務遂行能力

採用担当者が学生を見る場合は，「こいつは与えられた仕事をこなせるかどうか」という目で見ている。企業に必要とされているのは仕事をする能力なのだ。

> **質問に忠実に，"自分がいかにその会社の求める人材に当てはまるか"を丁寧に答えること。**

02 効果的なエントリーシートの書き方

■情報を伝える書き方

課題をよく理解していることを相手に伝えるような気持ちで書く。

■文章力

大切なのは全体のバランスが取れているか。書く前に，何をどれくらいの字数で収めるか計算しておく。

「起承転結」でいえば，「起」は，文章を起こす導入部分。「承」は，起を受けて，その提起した問題に対して承認を求める部分。「転」は，自説を展開する部分。もっともオリジナリティが要求される。「結」は，最後の締めの結論部分。文章の構成・まとめる力で，総合的な能力が高いことをアピールする。

▶エントリーシートでよく取り上げられる題材と, その出題意図

　エントリーシートで求められるものは,「自己PR」「志望動機」「将来どうなりたいか (目指すこと)」の3つに大別される。

1.「自己PR」

　自己分析にしたがって作成していく。重要なのは,「なぜそうしようと思ったか?」「○○をした結果, 何が変わったのか? 何を得たのか?」という "連続性" が分かるかどうかがポイント。

2.「志望動機」

　自己PRと一貫性を保ち, 業界志望理由と企業志望理由を差別化して表現するように心がける。志望する業界の強みと弱み, 志望企業の強みと弱みの把握は基本。

3.「将来の展望」

　どんな社員を目指すのか, 仕事へはどう臨もうと思っているか, 目標は何か, などが問われる。仕事内容を事前に把握しておくだけでなく, 5年後の自分, 10年後の自分など, 具体的な将来像を描いておくことが大切。

表現力, 理解力のチェックポイント

- ❏ 文法, 語法が正しいかどうか
- ❏ 論旨が論理的で一貫しているかどうか
- ❏ 1センテンスが簡潔かどうか
- ❏ 表現が統一されているかどうか (「です, ます」調か「だ, である」調か)

01 個人面接

●自由面接法

面接官と受験者のキャラクターやその場の雰囲気，質問と応答の進行具合などによって雑談形式で自由に進められる。

●標準面接法

自由面接法とは逆に，質問内容や評価の基準などがあらかじめ決まっている。実際には自由面接法と併用で，おおまかな質問事項や判定基準，評価ポイントを決めておき，質疑応答の内容上の制限を緩和しておくスタイルが一般的。1次面接などでは標準面接法をとり，2次以降で自由面接法をとる企業も多い。

●非指示面接法

受験者に自由に発言してもらい，面接官は話題を引き出したりするときなど，最小限の質問をするという方法。

●圧迫面接法

わざと受験者の精神状態を緊張させ，受験者がどのような応答をするかを観察し，判定する。受験者は，冷静に対応することが肝心。

02 集団面接

面接の方法は個人面接と大差ないが，面接官がひとつの質問をして，受験者が順にそれに答えるという方法と，面接官が司会役になって，座談会のような形式で進める方法とがある。

座談会のようなスタイルでの面接は，なるべく受験者全員が関心をもっているような話題を取りあげ，意見を述べさせるという方法。この際，司会役以外の面接官は一言も発言せず，判定・評価に専念する。

03 グループディスカッション

　グループディスカッション（以下，GD）の時間は30〜60分程度，1グループの人数は5〜10人程度で，司会は面接官が行う場合や，時間を決めて学生が交替で行うことが多い。面接官は内容については特に指示することはなく，受験者がどのようにGDを進めるかを観察する。

　評価のポイントは，全体的には理解力，表現力，指導性，積極性，協調性など，個別的には性格，知識，適性などが観察される。

　GDの特色は，集団の中での個人ということで，受験者の能力がどの程度のものであるか，また，どのようなことに向いているかを判定できること。受験者は，グループの中における自分の位置を面接官に印象づけることが大切だ。

グループディスカッション方式の面接におけるチェックポイント

- ❏全体の中で適切な論点を提供できているかどうか。
- ❏問題解決に役立つ知識を持っているか，また提供できているかどうか。
- ❏もつれた議論を解きほぐし，的はずれの議論を元に引き戻す努力をしているかどうか。
- ❏グループ全体としての目標をいつも考えているかどうか。
- ❏感情的な対立や攻撃をしかけているようなことはないか。
- ❏他人の意見に耳を傾け，よい意見には賛意を表し，それを全体に推し広げようという寛大さがあるかどうか。
- ❏議論の流れを自然にリードするような主導性を持っているかどうか。
- ❏提出した意見が議論の進行に大きな影響を与えているかどうか。

04 面接時の注意点

●控え室

　控え室には，指定された時間の15分前には入室しよう。そこで担当の係から，面接に際しての注意点や手順の説明が行われるので，疑問点は積極的に聞くようにし，心おきなく面接にのぞめるようにしておこう。会社によっては，所定のカードに必要事項を書き込ませたり，お互いに自己紹介をさせたりする場合もある。また，この控え室での行動も細かくチェックして，合否の資料にしている会社もある。

●入室・面接開始

　係員がドアの開閉をしてくれる場合もあるが，それ以外は軽くノックして入室し，必ずドアを閉める。そして入口近くで軽く一礼し，面接官か補助員の「どうぞ」という指示で正面の席に進み，ここで再び一礼をする。そして，学校名と氏名を名のって静かに着席する。着席時は，軽く椅子にかけるようにする。

●面接終了と退室

　面接の終了が告げられたら，椅子から立ち上がって一礼し，椅子をもとに戻して，面接官または係員の指示を受けて退室する。

　その際も，ドアの前で面接官のほうを向いて頭を下げ，静かにドアを開閉する。控え室に戻ったら，係員の指示を受けて退社する。

05 面接試験の評定基準

●協調性

　企業という「集団」では，他人との協調性が特に重視される。

　感情や態度が円満で調和がとれていること，極端に好悪の情が激しくなく，物事の見方や考え方が穏健で中立であることなど，職場での人間関係を円滑に進めていくことのできる人物かどうかが評価される。

●話し方

　外観印象的には，言語の明瞭さや応答の態度そのものがチェックされる。小さな声で自信のない発言，乱暴野卑な発言は減点になる。

　考えをまとめたら，言葉を選んで話すくらいの余裕をもって，真剣に応答しようとする姿勢が重視される。軽率な応答をしたり，まして発言に矛盾を指摘されるような事態は極力避け，もしそのような状況になりそうなときは，自分の非を認めてはっきりと謝るような態度を示すべき。

●好感度

　実社会においては，外観による第一印象が，人間関係や取引に大きく影響を及ぼす。

　「フレッシュな爽やかさ」に加え，入社志望など，自分の意思や希望をより明確にすることで，強い信念に裏づけられた姿勢をアピールできるよう努力したい。

●判断力

何を質問されているのか，何を答えようとしているのか，常に冷静に判断していく必要がある。

●表現力

話に筋道が通り理路整然としているか，言いたいことが簡潔に言えるか，話し方に抑揚があり聞く者に感銘を与えるか，用語が適切でボキャブラリーが豊富かどうか。

●積極性

活動意欲があり，研究心旺盛であること，進んで物事に取り組み，創造的に解決しようとする意欲が感じられること，話し方にファイトや情熱が感じられること，など。

●計画性

見通しをもって順序よく合理的に仕事をする性格かどうか，またその能力の有無。企業の将来性のなかに，自分の将来をどうかみ合わせていこうとしているか，現在の自分を出発点として，何を考え，どんな仕事をしたいのか。

●安定性

情緒の安定は，社会生活に欠くことのできない要素。自分自身をよく知っているか，他の人に流されない信念をもっているか。

●誠実性

自分に対して忠実であろうとしているか，物事に対してどれだけ誠実な考え方をしているか。

●社会性

企業は集団活動なので，自分の考えに固執したり，不平不満が多い性格は向かない。柔軟で適応性があるかどうか。

清潔感や明朗さ，若々しさといった**外観面も重視される**。

06 面接試験の質問内容

1. 志望動機

受験先の概要や事業内容はしっかりと頭の中に入れておく。また，その企業の企業活動の社会的意義と，自分自身の志望動機との関連を明確にしておく。「安定している」「知名度がある」「将来性がある」といった利己的な動機，「自

分の性格に合っている」というような，あいまいな動機では説得力がない。安定性や将来性は，具体的にどのような企業努力によって支えられているのかという考察も必要だし，それに対する受験者自身の評価や共感なども問われる。

　①どうしてその業種なのか

　②どうしてその企業なのか

　③どうしてその職種なのか

　以上の①〜③と，自分の性格や資質，専門などとの関連性を説明できるようにしておく。

　自分がどうしてその会社を選んだのか，どこに大きな魅力を感じたのかを，できるだけ具体的に，情熱をもって語ることが重要。自分の長所と仕事の適性を結びつけてアピールし，仕事のやりがいや仕事に対する興味を述べるのもよい。

■複数の企業を受験していることは言ってもいい？

　同じ職種，同じ業種で何社かかけもちしている場合，正直に答えてもかまわない。しかし，「第一志望はどこですか」というような質問に対して，正直に答えるべきかどうかというと，やはりこれは疑問がある。どんな会社でも，他社を第一志望にあげられれば，やはり愉快には思わない。

　また，職種や業種の異なる会社をいくつか受験する場合も同様で，極端に性格の違う会社をあげれば，その矛盾を突かれるのは必至だ。

2. 仕事に対する意識・職業観

　採用試験の段階では，次年度の配属予定が具体的に固まっていない会社もかなりある。具体的に職種や部署などを細分化して募集している場合は別だが，そうでない場合は，希望職種をあまり狭く限定しないほうが賢明。どの業界においても，採用後，新入社員には，研修としてその会社の各セクションをひと通り経験させる企業は珍しくない。そのうえで，具体的な配属計画を検討するのだ。

　大切なことは，就職や職業というものを，自分自身の生き方の中にどう位置づけるか，また，自分の生活の中で仕事とはどういう役割を果たすのかを考えてみること。つまり自分の能力を活かしたい，社会に貢献したい，自分の存在価値を社会的に実現してみたい，ある分野で何か自分の力を試してみたい……，などの場合を考え，それを自分自身の人生観，志望職種や業種などとの関係を考えて組み立ててみる。自分の人生観をもとに，それを自分の言葉で表現できるようにすることが大切。

3. 自己紹介・自己PR

性格そのものを簡単に変えたり，欠点を克服したりすることは実際には難しいが，"仕方がない"という姿勢を見せることは禁物で，どんなささいなことでも，努力している面をアピールする。また一般的にいって，専門職を除けば，就職時になんらかの資格や技能を要求する企業は少ない。

ただ，資格をもっていれば採用に有利とは限らないが，専門性を要する業種では考慮の対象とされるものもある。たとえば英検，簿記など。

企業が学生に要求しているのは，4年間の勉学を重ねた学生が，どのように仕事に有用であるかということで，学生の知識や学問そのものを聞くのが目的ではない。あくまで，社会人予備軍としての謙虚さと素直さを失わないようにする。

知識や学力よりも，その人の人間性，ビジネスマンとしての可能性を重視するからこそ，面接担当者は，学生生活全般について尋ねることで，書類だけでは分からない人間性を探ろうとする。

何かうち込んだものや思い出に残る経験などは，その人の人間的な成長になんらかの作用を及ぼしているものだ。どんな経験であっても，そこから受けた印象や教訓などは，明確に答えられるようにしておきたい。

4. 一般常識・時事問題

一般常識・時事問題については筆記試験の分野に属するが，面接でこうしたテーマがもち出されることも珍しくない。受験者がどれだけ社会問題に関心をもっているか，一般常識をもっているか，また物事の見方・考え方に偏りがないかなどを判定する。知識や教養だけではなく，一問一答の応答を通じて，その人の性格や適応能力まで判断されることになる。

07 面接に向けての事前準備

■面接試験1カ月前までには万全の準備をととのえる

●志望会社・職種の研究

新聞の経済欄や経済雑誌などのほか，会社年鑑，株式情報など書物による研究をしたり，インターネットにあがっている企業情報や，検索によりさまざまな角度から調べる。すでにその会社へ就職している先輩や知人に会って知識を得たり，大学のキャリアセンターへ情報を求めるなどして総合的に判断する。

■専攻科目の知識・卒論のテーマなどの整理

大学時代にどれだけ勉強してきたか，専攻科目や卒論のテーマなどを整理しておく。

■時事問題に対する準備

毎日欠かさず新聞を読む。志望する企業の話題は，就職ノートに整理するなどもアリ。

面接当日の必需品

❏必要書類（履歴書，卒業見込証明書，成績証明書，健康診断書，推薦状）

❏学生証

❏就職ノート（志望企業ファイル）

❏印鑑，朱肉

❏筆記用具（万年筆，ボールペン，サインペン，シャープペンなど）

❏手帳，ノート

❏地図（訪問先までの交通機関などをチェックしておく）

❏現金（小銭も用意しておく）

❏腕時計（オーソドックスなデザインのもの）

❏ハンカチ，ティッシュペーパー

❏くし，鏡（女性は化粧品セット）

❏シューズクリーナー

❏ストッキング

❏折りたたみ傘（天気予報をチェックしておく）

❏携帯電話，充電器

筆記試験の種類

■一般常識試験

社会人として企業活動を行ううえで最低限必要となる一般常識のほか，英語，国語，社会(時事問題)，数学などの知識の程度を確認するもの。

難易度はおおむね中学・高校の教科書レベル。一般常識の問題集を1冊やっておけばよいが，業界によっては専門分野が出題されることもあるため，必ず志望する企業のこれまでの試験内容は調べておく。

■一般常識試験の対策

・英語　慣れておくためにも，教科書を復習する，英字新聞を読むなど。

・国語　漢字，四字熟語，反対語，同音異義語，ことわざをチェック。

・時事問題　新聞や雑誌，テレビ，ネットニュースなどアンテナを張っておく。

■適性検査

SPI (Synthetic Personality Inventory) 試験 (SPI3試験) とも呼ばれ，能力テストと性格テストを合わせたもの。

能力テストでは国語能力を測る「言語問題」と，数学能力を測る「非言語問題」がある。言語的能力，知覚能力，数的能力のほか，思考・推理能力，記憶力，注意力などの問題で構成されている。

性格テストは「はい」か「いいえ」で答えていく。仕事上の適性と性格の傾向などが一致しているかどうかをみる。

SPIは職務への適応性を客観的にみるためのもの。

01 「論文」と「作文」

　一般に「論文」はあるテーマについて自分の意見を述べ，その論証をする文章で，必ず意見の主張とその論証という2つの部分で構成される。問題提起と論旨の展開，そして結論を書く。

　「作文」は，一般的には感想文に近いテーマ，たとえば「私の興味」「将来の夢」といったものがある。

　就職試験では「論文」と「作文」を合わせた“論作文”とでもいうようなものが出題されることが多い。

　論作文試験とは，「文章による面接」。テーマに書き手がどういう態度を持っているかを知ることが，出題の主な目的だ。受験者の知識・教養・人生観・社会観・職業観，そして将来への希望などが，どのような思考を経て，どう表現されているかによって，企業にとって，必要な人物かどうかを判断している。

　論作文の場合には，書き手の社会的意識や考え方に加え，「感銘を与える」働きが要求される。就職活動とは，企業に対し「自分をアピールすること」だということを常に念頭に置いておきたい。

Point

論文と作文の違い

	論　　文	作　　文
テーマ	学術的・社会的・国際的なテーマ。時事，経済問題など	個人的・主観的なテーマ。人生観，職業観など
表現	自分の意見や主張を明確に述べる。	自分の感想を述べる。
展開	四段型（起承転結）の展開が多い。	三段型（はじめに・本文・結び）の展開が多い。
文体	「だ調・である調」のスタイルが多い。	「です調・ます調」のスタイルが多い。

・テーマ

与えられた課題（テーマ）を，受験者はどのように理解しているか。

出題されたテーマの意義をよく考え，それに対する自分の意見や感情が，十分に整理されているかどうか。

・表現力

課題について本人が感じたり，考えたりしたことを，文章で的確に表しているか。

・字・用語・その他

かなづかいや送りがなが合っているか，文中で引用されている格言やことわざの類が使用法を間違えていないか，さらに誤字・脱字に至るまで，文章の基本的な力が受験者の人柄ともからんで厳密に判定される。

・オリジナリティ

魅力がある文章とは，オリジナリティを率直に出すこと。自分の感情や意見を，自分の言葉で表現する。

・生活態度

文章は，書き手の人格や人柄を映し出す。平素の社会的関心や他人との協調性，趣味や読書傾向はどうであるかといった，受験者の日常における生き方，生活態度がみられる。

・字の上手・下手

できるだけ読みやすい字を書く努力をする。また，制限字数より文章が長くなって原稿用紙の上下や左右の空欄に書き足したりすることは避ける。消しゴムで消す場合にも，丁寧に。

いずれの場合でも，表面的な文章力を問うているのではなく，受験者の人柄のほうを重視している。

マナーチェックリスト

実践編

就活において企業の人事担当は，面接試験やOG／OB訪問，そして面接試験において，あなたのマナーや言葉遣いといった，「常識力」をチェックしている。現在の自分はどのくらい「常識力」が身についているかをチェックリストで振りかえり，何ができて，何ができていないかを明確にしたうえで，今後の取り組みに生かしていこう。

評価基準　5：大変良い　4：やや良い　3：どちらともいえない　2：やや悪い　1：悪い

	項　目	評　価	メ　モ
挨拶	明るい笑顔と声で挨拶をしているか		
	相手を見て挨拶をしているか		
	相手より先に挨拶をしているか		
	お辞儀を伴った挨拶をしているか		
	直接の応対者でなくても挨拶をしているか		
表情	笑顔で応対しているか		
	表情に私的感情がでていないか		
	話しかけやすい表情をしているか		
	相手の話は真剣な顔で聞いているか		
身だしなみ	前髪は目にかかっていないか		
	髪型は乱れていないか／長い髪はまとめているか		
	髭の剃り残しはないか／化粧は健康的か		
	服は汚れていないか／清潔に手入れされているか		
	機能的で職業・立場に相応しい服装をしているか		
	華美なアクセサリーはつけていないか		
	爪は伸びていないか		
	靴下の色は適当か／ストッキングの色は自然な肌色か		
	靴の手入れは行き届いているか		
	ポケットに物を詰めすぎていないか		

	項 目	評 価	メ モ
言葉遣い	専門用語を使わず，相手にわかる言葉で話しているか		
	状況や相手に相応しい敬語を正しく使っているか		
	相手の聞き取りやすい音量・速度で話しているか		
	語尾まで丁寧に話しているか		
	気になる言葉癖はないか		
動作	物の授受は両手で丁寧に実施しているか		
	案内・指し示し動作は適切か		
	キビキビとした動作を心がけているか		
心構え	勤務時間・指定時間の5分前には準備が完了しているか		
	心身ともに健康管理をしているか		
	仕事とプライベートの切替えができているか		

☑ 常に自己点検をするクセをつけよう

「人を表情やしぐさ，身だしなみなどの見かけで判断してはいけない」と一般にいわれている。確かに，人の個性は見かけだけではなく，内面においても見いだされるもの。しかし，私たちは人を第一印象である程度決めてしまう傾向がある。それが面接試験など初対面の場合であればなおさらだ。したがって，チェックリストにあるような挨拶，表情，身だしなみ等に注意して面接試験に臨むことはとても重要だ。ただ，これらは面接試験前にちょっと対策したからといって身につくようなものではない。付け焼き刃的な対策をして面接試験に臨んでも，面接官はあっという間に見抜いてしまう。日頃からチェックリストにあるような項目を意識しながら行動することが大事であり，そうすることで，最初はぎこちない挨拶や表情等も，その人の個性に応じたすばらしい所作へ変わっていくことができるのだ。さっそく，本日から実行してみよう。

面接試験において，印象を決定づける表情はとても大事。
どのようにすれば感じのいい表情ができるのか，ポイントを確認していこう。

明るく,温和で
柔らかな表情をつくろう

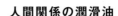

人間関係の潤滑油

表情に関しては，まずは豊かである
ということがベースになってくる。う
れしい表情，困った表情，驚いた表
情など，さまざまな気持ちを表現で
きるということが，人間関係を潤いの
あるものにしていく。

Point

　表情はコミュニケーションの大前提。相手に「いつでも話しかけてくださ
いね」という無言の言葉を発しているのが，就活に求められる表情だ。面接
官が安心してコミュニケーションをとろうと思ってくれる表情。それが，明
るく，温和で柔らかな表情となる。

カンタンTraining

いますぐデキる

Training 01

喜怒哀楽を表してみよう

- ・人との出会いを楽しいと思うことが表情の基本
- ・表情を豊かにする大前提は相手の気持ちに寄り添うこと
- ・目元・口元だけでなく，眉の動きを意識することが大事

Training 02

表情筋のストレッチをしよう

- ・表情筋は「ウイスキー」の発音によって鍛える
- ・意識して毎日，取り組んでみよう
- ・笑顔の共有によって相手との距離が縮まっていく

コミュニケーションは挨拶から始まり，その挨拶ひとつで印象は変わるもの。
ポイントを確認していこう。

丁寧にしっかりと
はっきり挨拶をしよう

人間関係の第一歩

挨拶は心を開いて，相手に近づくコミュニケーションの第一歩。たかが挨拶，されど挨拶の重要性をわきまえて，きちんとした挨拶をしよう。形，つまり"技"も大事だが，心をこめることが最も重要だ。

Point

　挨拶はコミュニケーションの第一歩。相手が挨拶するのを待っているのは望ましくない。挨拶の際のポイントは丁寧であることと，はっきり声に出すことの2つ。丁寧な挨拶は，相手を大事にして迎えている気持ちの表れとなる。はっきり声に出すことで，これもきちんと相手を迎えていることが伝わる。また，相手もその応答として挨拶してくれることで，会ってすぐに双方向のコミュニケーションが成立する。

いますぐデキる
カンタンTraining

Training 01

３つのお辞儀をマスターしよう

---

① 会釈（15度）　　　② 敬礼（30度）　　　③ 最敬礼（45度）

・息を吸うことを意識してお辞儀をするとキレイな姿勢に
・目線は真下ではなく，床前方1.5m先ぐらいを見よう
・相手への敬意を忘れずに

Training 02

対面時は言葉が先，お辞儀が後

・相手に体を向けて先に自ら挨拶をする
・挨拶時，相手とアイコンタクトを
　しっかり取ろう
・挨拶の後に，お辞儀をする。
　これを「語先後礼」という

コミュニケーションは「話す」よりも「聞く」ことといわれる。相手が話しやすい聞き方の, ポイントを確認しよう。

受容の立場で
傾聴しよう

相手の話を受けとめる

話を聞くときは, やや前に傾く姿勢をとる。表情と姿勢が合わさることにより, 話し手の心が開き「あれも, これも話そう」という気持ちになっていく。また, 「はい」と一度のお辞儀で頷くと相手の話を受け止めているというメッセージにつながる。

Point

　話をすること, 話を聞いてもらうことは誰にとってもプレッシャーを伴うもの。そのため, 「何でも話して良いんですよ」「何でも話を聞きますよ」「心配しなくて良いんですよ」という気持ちで聞くことが大切になる。その気持ちが聞く姿勢に表れれば, 相手は安心して話してくれる。

いますぐデキる
カンタンTraining

Training **01**

頷きは一度で

- ・相手が話した後に「はい」と
  一言発する
- ・頷きすぎは逆効果

Training **02**

目線は自然に

- ・鼻の付け根あたりを見ると
  自然な印象に
- ・目を見つめすぎるのはNG

Training **03**

話の句読点で視線を移す

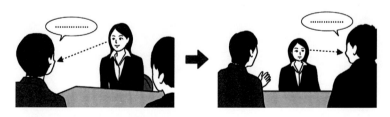

- ・視線は話している人を見ることが基本
- ・複数の人の話を聞くときは句読点を意識し，
  視線を振り分けることで聞く姿勢を表す

伝わる話し方

自分の意思を相手に明確に伝えるためには，話し方が重要となる。はっきりと的確に話すためのポイントを確認しよう。

明るい発声を心がけよう

ボリュームを意識して

話すときのポイントとしては，ボリュームを意識することが挙げられる。会議室の一番奥にいる人に声が届くように意識することで，声のボリュームはコントロールされていく。

Point

コミュニケーションとは「伝達」すること。どのようなことも，適当に伝えるのではなく，伝えるべきことがきちんと相手に届くことが大切になる。そのためには，はっきりと，分かりやすく，丁寧に，心を込めて話すこと。言葉だけでなく，表情やジェスチャーを加えることも有効。

いますぐデキる
カンタンTraining

Training 01

腹式呼吸で発声練習

・「あえいうえおあお」と発声する
・腹式呼吸は，胸部をなるべく動かさ
　ずに，息を吸うときにお腹や腰が膨
　らむよう意識する呼吸法

Training 02

早口言葉にチャレンジ

おあやや
母親に
お謝り

・「おあやや，母親に，お謝り」と早口で
・口がすぼまった「お」と口が開いた
　「あ」の発音に，変化をつけられる
　かがポイント

Training 03

ジェスチャーを有効活用

・腰より上でジェスチャーをする
・体から離した位置に手をもっていく
・ジェスチャーをしたら戻すところを
　さだめておく

身だしなみはその人自身を表すもの。身だしなみの基本について，ポイントを確認しよう。

清潔感,さわやかさを 醸し出せるようにしよう

プロの企業人に ふさわしい身だしなみを

信頼感，安心感をもたれる身だしなみを考えよう。TPOに合わせた服装は，すなわち"礼"を表している。そして，身だしなみには,「清潔感」,「品のよさ」,「控え目である」という，3つのポイントがある。

Point

相手との心理的な距離や物理的な距離が遠ければ，コミュニケーションは成立しにくくなる。見た目が不潔では誰も近付いてこない。身だしなみが清潔であること，爽やかであることは相手との距離を縮めることにも繋がる。

いますぐデキる
カンタンTraining

Training **01**

髪型，服装を整えよう

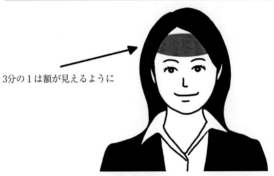

3分の1は額が見えるように

・男性も女性も眉が見える髪型が望ましい。3分の1は額が見えるように。額は知性と清潔感を伝える場所。男性の髪の長さは耳や襟にかからないように
・スーツで相手の前に立つときは，ボタンはすべて留める。男性の場合は下のボタンは外す

Training **02**

おしゃれとの違いを明確に

・爪はできるだけ切りそろえる
・爪の中の汚れにも注意
・ジェルネイル，ネイルアートはNG

Training **03**

足元にも気を配って

・女性の場合はパンプス，男性の場合は黒の紐靴が望ましい
・靴はこまめに汚れを落とし見栄えよく

姿勢にはその人の意欲が反映される。前向き，活動的な姿勢を表すにはどうしたらよいか，ポイントを確認しよう。

前向き,活動的な 姿勢を維持しよう

一直線と左右対称

正しい立ち姿として，耳，肩，腰，くるぶしを結んだ線が一直線に並んでいることが最大のポイントになる。そのラインが直線に近づくほど立ち姿がキレイに整っていることになる。また，"左右対称"というのもキレイな姿勢の要素のひとつになる。

Point

　姿勢は，身体と心の状態を反映するもの。そのため，良い姿勢でいることは，印象が清々しいだけでなく，健康で元気そうに見え，話しかけやすさにも繋がる。歩く姿勢，立つ姿勢，座る姿勢など，どの場面にも心身の健康状態が表れるもの。日頃から心身の健康状態に気を配り，フィジカルとメンタル両面の自己管理を心がけよう。

いますぐデキる
カンタンTraining

Training 01

キレイな歩き方を心がけよう

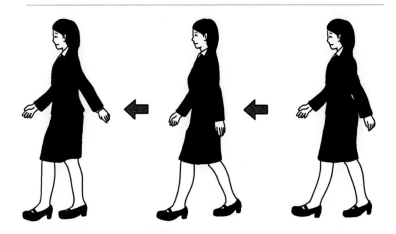

- ・女性は1本の線上を，男性はそれよりも太い線上を沿うように歩く
- ・一歩踏み出したときに前の足に体重を乗せるように，腰から動く
- ・12時の方向につま先をもっていく

Training 02

前向きな気持ちを持とう

- ・常に前向きな気持ちが姿勢を正す
- ・ポジティブ思考を心がけよう

言葉遣いの正しさはとは，場面にあった言葉を遣うということ。相手を気づかいながら，言葉を選ぶことで，より正しい言葉に近づいていく。

相手と場面に合わせた
ふさわしい言葉遣いを

次の文は接客の場面でよくある間違えやすい敬語です。
それぞれの言い方は○×どちらでしょうか。

問1 「資料をご拝読いただきありがとうございます」

問2 「こちらのパンフレットはもういただかれましたか？」

問3 「恐れ入りますが，こちらの用紙にご記入してください」

問4 「申し訳ございませんが，来週，休ませていただきます」

問5 「先ほどの件，帰りましたら上司にご報告いたしますので」

Point

　ビジネスのシーンに敬語は欠くことができない。何度もやり取りをしていく中で，親しさの度合いによっては，あえてくだけた表現を用いることもあるが，「親しき仲にも礼儀あり」と言われるように，敬意や心づかいをおろそかにしてはいけないもの。相手に誤解されたり，相手の気分を壊すことのないように，相手や場面にふさわしい言葉遣いが大切になる。

解答と解説

問1 （×） ○正しい言い換え例

→「ご覧いただきありがとうございます」など

「拝読」は自分が「読む」意味の謙譲語なので，相手の行為に使うのは誤り。読むと見るは同義なため，多く，見るの尊敬語「ご覧になる」が用いられる。

問2 （×） ○正しい言い換え例

→「お持ちですか」「お渡ししましたでしょうか」 など

「いただく」は，食べる・飲む・もらうの謙譲語。「もらったかどうか」と聞きたいのだから，「おもらいになりましたか」と言えないこともないが，持っているかどうか，受け取ったかどうかという意味で「お持ちですか」などが使われることが多い。また，自分側が渡すような場合は，「お渡しする」を使って「お渡ししましたでしょうか」などの言い方に換えることもできる。

問3 （×） ○正しい言い換え例

→「恐れ入りますが，こちらの用紙にご記入ください」など

「ご記入する」の「お（ご）～する」は謙譲語の形。相手の行為を謙譲語で表すことになるため誤り。「して」を取り除いて「ご記入ください」か，和語に言い換えて「お書きください」とする。ほかにも「お書き／ご記入・いただけますでしょうか・願います」などの表現もある。

問4 （△）

有給休暇を取る場合や，弔事等で休むような場面で，用いられることも多い。「休ませていただく」ということで一見丁寧に響くが，「来週休むと自分で休みを決めている」という勝手な表現にも受け取られかねない言葉だ。ここは同じ「させていただく」を用いても，相手の都合をうかがう言い方に換えて「○○がございまして，申し訳ございませんが，休みをいただいてもよろしいでしょうか」などの言い換えが好ましい。

問5 （×）○正しい言い換え例

→「上司に報告いたします」

「ご報告いたします」は，ソトの人との会話で使うとするならば誤り。「ご報告いたします」の「お・ご～いたす」は，「お・ご～する」と「～いたす」という2つの敬語を含む言葉。そのうちの「お・ご～する」は，主語である自分を低めて相手＝上司を高める働きをもつ表現（謙譲語Ⅰ）。一方「～いたす」は，主語の私を低めて，話の聞き手に対して丁重に述べる働きをもつ表現（謙譲語Ⅱ 丁重語）。「お・ご～する」も「～いたす」も同じ謙譲語であるため紛らわしいが，主語を低める（謙譲）という働きは同じでも，行為の相手を高める働きがあるかないかという点に違いがあるといえる。

正しい敬語

敬語は正しく使用することで，相手の印象を大きく変えることができる。尊敬語，謙譲語の区別をはっきりつけて，誤った用法で話すことのないように気をつけよう。

言葉の使い方がマナーを表す!

■よく使われる尊敬語の形 「言う・話す・説明する」の例

専用の尊敬語型	おっしゃる
〜れる・〜られる型	言われる・話される・説明される
お（ご）〜になる型	お話しになる・ご説明になる
お（ご）〜なさる型	お話しなさる・ご説明なさる

■よく使われる謙譲語の形 「言う・話す・説明する」の例

専用の謙譲語型	申す・申し上げる
お（ご）〜する型	お話しする・ご説明する
お（ご）〜いたす型	お話しいたします・ご説明いたします

Point

　同じ**尊敬語・謙譲語**でも，よく使われる代表的な形がある。ここではその一例をあげてみた。敬語の使い方に迷ったときなどは，まずはこの形を思い出すことで，大抵の語はこの型にはめ込むことができる。同じ言葉を用いたほうがよりわかりやすいといえるので，同義に使われる「言う・話す・説明する」を例に考えてみよう。

　ほかにも「お話しくださる」や「お話しいただく」「お元気でいらっしゃる」などの形もあるが，まずは表の中の形を見直そう。

■よく使う動詞の尊敬語・謙譲語

なお，尊敬語の中の「言われる」などの「れる・られる」を付けた形は省力している。

基本	尊敬語（相手側）	謙譲語（自分側）
会う	お会いになる	お目にかかる・お会いする
言う	おっしゃる	申し上げる・申す
行く・来る	いらっしゃる おいでになる お見えになる お越しになる お出かけになる	伺う・参る お伺いする・参上する
いる	いらっしゃる・おいでになる	おる
思う	お思いになる	存じる
借りる	お借りになる	拝借する・お借りする
聞く	お聞きになる	拝聴する 拝聞する お伺いする・伺う お聞きする
知る	ご存じ（知っているという意で）	存じ上げる・存じる
する	なさる	いたす
食べる・飲む	召し上がる・お召し上がりになる お飲みになる	いただく・頂戴する
見る	ご覧になる	拝見する
読む	お読みになる	拝読する

「お伺いする」「お召し上がりになる」などは，「伺う」「召し上がる」自体が敬語なので
「二重敬語」ですが，慣習として定着しており間違いではないもの。

　上記の「敬語表」は，よく使うと思われる動詞をそれぞれ尊敬語・謙譲語
で表したもの。このように大体の言葉は型にあてはめることができる。言
葉の中には「お（ご）」が付かないものもあるが，その場合でも「〜なさる」
を使って，「スピーチなさる」や「運営なさる」などと言うことができる。ま
た，表では，「言う」の尊敬語「言われる」の例は省いているが，れる・ら
れる型の「言われる」よりも「おっしゃる」「お話しになる」「お話しなさる」
などの言い方のほうが，より敬意も高く，言葉としても何となく響きが落ち
着くといった印象を受けるものとなる。

会話は相手があってのこと。いかなる場合でも，相手に対する心くばりを忘れないことが，会話をスムーズに進めるためのコツになる。

心くばりを添えるひと言で
言葉の印象が変わる!

　相手に何かを頼んだり，また相手の依頼を断ったり，相手の抗議に対して反論したりする場面では，いきなり自分の意見や用件を切り出すのではなく，場面に合わせて心くばりを伝えるひと言を添えてから本題に移ると，響きがやわらかくなり，こちらの意向も伝えやすくなる。俗にこれは「クッション言葉」と呼ばれている。（右表参照）

Point

　ビジネスの場面で，相手と話したり手紙やメールを送る際には，何か依頼事があってという場合が多いもの。その場合に「ちょっとお願いなんですが…」では，ふだんの会話と変わりがないものになってしまう。そこを「突然のお願いで恐れ入りますが」「急にご無理を申しまして」「こちらの勝手で恐縮に存じますが」「折り入ってお願いしたいことがございまして」などの一言を添えることで，直接的なきつい感じが和らぐだけでなく，「申し訳ないのだけれど，もしもそうしていただくことができればありがたい」という，相手への配慮や願いの気持ちがより強まる。このような前置きの言葉もうまく用いて，言葉に心くばりを添えよう。

相手の意向を尋ねる場合	「よろしければ」「お差し支えなければ」 「ご都合がよろしければ」「もしお時間がありましたら」 「もしお嫌いでなければ」「ご興味がおありでしたら」
相手に面倒を かけてしまうような場合	「お手数をおかけしますが」 「ご面倒をおかけしますが」 「お手を煩わせまして恐縮ですが」 「お忙しい時に申し訳ございませんが」 「お時間を割いていただき申し訳ありませんが」 「貴重なお時間を頂戴し恐縮ですが」
自分の都合を 述べるような場合	「こちらの勝手で恐縮ですが」 「こちらの都合（ばかり）で申し訳ないのですが」 「私どもの都合ばかりを申しまして，まことに申し訳な く存じますが」 「ご無理を申し上げまして恐縮ですが」
急な話をもちかけた場合	「突然のお願いで恐れ入りますが」 「急にご無理を申しまして」 「もっと早くにご相談申し上げるべきところでございま したが」 「差し迫ってのことでまことに申し訳ございませんが」
何度もお願いする場合	「たびたびお手数をおかけしまして恐縮に存じますが」 「重ね重ね恐縮に存じますが」 「何度もお手を煩わせまして申し訳ございませんが」 「ご面倒をおかけしてばかりで，まことに申し訳ござい ませんが」
難しいお願いをする場合	「ご無理を承知でお願いしたいのですが」 「たいへん申し上げにくいのですが」 「折り入ってお願いしたいことがございまして」
あまり親しくない相手に お願いする場合	「ぶしつけなお願いで恐縮ですが」 「ぶしつけながら」 「まことに厚かましいお願いでございますが」
相手の提案・誘いを断る場合	「申し訳ございませんが」 「（まことに）残念ながら」 「せっかくのご依頼ではございますが」 「たいへん恐縮ですが」 「身に余るお言葉ですが」 「まことに失礼とは存じますが」 「たいへん心苦しいのですが」 「お引き受けしたいのはやまやまですが」
問い合わせの場合	「つかぬことをうかがいますが」 「突然のお尋ねで恐縮ですが」

ここでは文章の書き方における，一般的な敬称について言及している。はがき，手紙，メール等，通信手段はさまざま。それぞれの特性をふまえて有効活用しよう。

相手の気持ちになって
見やすく美しく書こう

■敬称のいろいろ

敬称	使う場面	例
様	職名・役職のない個人	（例）飯田知子様／ご担当者様／経理部長　佐藤一夫様
殿	職名・組織名・役職のある個人（公用文など）	（例）人事部長殿／教育委員会殿／田中四郎殿
先生	職名・役職のない個人	（例）松井裕子先生
御中	企業・団体・官公庁などの組織	（例）○○株式会社御中
各位	複数あてに同一文書を出すとき	（例）お客様各位／会員各位

Point

　封筒・はがきの表書き・裏書きは縦書きが基本だが，洋封筒で親しい人にあてる場合は，横書きでも問題ない。いずれにせよ，定まった位置に，丁寧な文字でバランス良く，正確に記すことが大切。特に相手の住所や名前を乱雑な文字で書くのは，配達の際の間違いを引き起こすだけでなく，受け取る側に不快な思いをさせる。相手の気持ちになって，見やすく美しく書くよう心がけよう。

■各通信手段の長所と短所

	長所	短所	用途
封書	・封を開けなければ本人以外の目に触れることがない。 ・丁寧な印象を受ける。	・多量の資料・画像送付には不向き。 ・相手に届くまで時間がかかる。	・儀礼的な文書(礼状・わび状など) ・目上の人あての文書 ・重要な書類 ・他人に内容を読まれたくない文書
はがき・カード	・封書よりも気軽にやり取りできる。 ・年賀状や季節の便り,旅先からの連絡など絵はがきとしても楽しむことができる。	・封に入っていないため,第三者の目に触れることがある。 ・中身が見えるので,改まった礼状やわび状,こみ入った内容には不向き。 ・相手に届くまで時間がかかる。	・通知状　　　・案内状 ・送り状　　　・旅先からの便り ・各種お祝い　・お礼 ・季節の挨拶
FAX	・手書きの図やイラストを文章といっしょに送れる。 ・すぐに届く。 ・控えが手元に残る。	・多量の資料の送付には不向き。 ・事務的な用途で使われることが多く,改まった内容の文書,初対面の人へは不向き。	・地図,イラストの入った文書 ・印刷物(本・雑誌など)
電話	・急ぎの連絡に便利。 ・相手の反応をすぐに確認できる。 ・直接声が聞けるので,安心感がある。	・連絡できる時間帯が制限される。 ・長々としたこみ入った内容は伝えづらい。	・緊急の用件 ・確実に用件を伝えたいとき
メール	・瞬時に届く。　　・控えが残る。 ・コストが安い。 ・大容量の資料や画像をデータで送ることができる。 ・一度に大勢の人に送ることができる。 ・相手の居場所や状況を気にせず送れる。	・事務的な印象を与えるので,改まった礼状やわび状には不向き。 ・パソコンや携帯電話を持っていない人には送れない。 ・ウィルスなどへの対応が必要。	・データで送りたいとき ・ビジネス上の連絡

―Point―

　はがきは手軽で便利だが,おわびやお願い,格式を重んじる手紙には不向きとなる。この種の手紙は内容もこみ入ったものとなり,加えて丁寧な文章で書かなければならないので,数行で済むことはまず考えられない。また,封筒に入っていないため,他人の目に触れるという難点もある。このように,はがきにも長所と短所があるため,使う場面や相手によって,他の通信手段と使い分けることが必要となる。

　はがき以外にも,封書・電話・FAX・メールなど,現代ではさまざまな通信手段がある。上に示したように,それぞれ長所と短所があるので,特徴を知って用途によって上手に使い分けよう。

　社会人のマナーとして，電話応対のスキルは必要不可欠。まずは失礼なく電話に出ることからはじめよう。積極性が重要だ。

相手の顔が見えない分
対応には細心の注意を

■電話をかける場合

① 〇〇先生に電話をする

　× 「私，□□社の××と言いますが，〇〇様はおられますでしょうか？」

　○ 「××と申しますが，〇〇様はいらっしゃいますか？」

「おられますか」は「おる」を謙譲語として使うため，通常は相手がいるかどうかに関しては，「いらっしゃる」を使うのが一般的。

② 相手の状況を確かめる

　× 「こんにちは，××です，先日のですね…」

　○ 「××です，先日は有り難うございました，今お時間よろしいでしょうか？」

相手が忙しくないかどうか，状況を聞いてから話を始めるのがマナー。また，やむを得ず夜間や早朝，休日などに電話をかける際は，「夜分（朝早く）に申し訳ございません」「お休みのところ恐れ入ります」などのお詫びの言葉もひと言添えて話す。

③ 相手が不在，何時ごろ戻るかを聞く場合

　× 「戻りは何時ごろですか？」

　○ 「何時ごろお戻りになりますでしょうか？」

「戻り」はそのままの言い方，相手にはきちんと尊敬語を使う。

④ また自分からかけることを伝える

　× 「そうですか，ではまたかけますので」

　○ 「それではまた後ほど（改めて）お電話させていただきます」

戻る時間がわかる場合は，「またお戻りになりましたころにでも」「また午後にでも」などの表現もできる。

■電話を受ける場合

① 電話を取ったら

× 「はい，もしもし，○○ (社名) ですが」

○ **「はい，○○ (社名) でございます」**

② 相手の名前を聞いて

× 「どうも，どうも」

○ **「いつもお世話になっております」**

あいさつ言葉として定着している決まり文句ではあるが，日頃のお付き合いがあってこそ。あいさつ言葉もきちんと述べよう。「お世話様」という言葉も時折耳にするが，敬意が軽い言い方となる。適切な言葉を使い分けよう。

③ 相手が名乗らない

× 「どなたですか？」「どちらさまですか？」

○ **「失礼ですが，お名前をうかがってもよろしいでしょうか？」**

名乗るのが基本だが，尋ねる態度も失礼にならないように適切な応対を心がけよう。

④ 電話番号や住所を教えてほしいと言われた場合

× 「はい，いいでしょうか？」　　× 「メモのご用意は？」

○ **「はい，申し上げます，よろしいでしょうか？」**

「メモのご用意は？」は，一見親切なようにも聞こえるが，尋ねる相手も用意していることがほとんど。押し付けがましくならない程度に。

⑤ 上司への取次を頼まれた場合

× 「はい，今代わります」　　× 「○○部長ですね，お待ちください」

○ **「部長の○○でございますね，ただいま代わりますので，少々お待ちくださいませ」**

○○部長という表現は，相手側の言い方となる。自分側を述べる場合は，「部長の○○」「○○」が適切。

Point

自分から電話をかける場合は，まずは自分の会社名や氏名を名乗るのがマナー。たとえ目的の相手が直接出た場合でも，電話では相手の様子が見えないことがほとんど。自分の勝手な判断で話し始めるのではなく，相手の都合を伺い，そのうえで話を始めるのが社会人として必要な気配りとなる。

デキるオトナをアピール
時候の挨拶

月	漢語調の表現 候、みぎりなどを付けて用いられます	口語調の表現
1月 (睦月)	初春・新春 頌春・ 小寒・大寒・厳寒	皆様におかれましては，よき初春をお迎えのことと存じます／厳しい寒さが続いております／珍しく暖かな寒の入りとなりました／大寒という言葉通りの厳しい寒さでございます
2月 (如月)	春寒・余寒・残寒・ 立春・梅花・向春	立春とは名ばかりの寒さ厳しい毎日でございます／梅の花もちらほらとふくらみ始め，春の訪れを感じる今日この頃です／春の訪れが待ち遠しいこのごろでございます
3月 (弥生)	早春・浅春・春寒・ 春分・春暖	寒さもようやくゆるみ，日ましに春めいてまいりました／ひと雨ごとに春めいてまいりました／日増しに暖かさが加わってまいりました
4月 (卯月)	春暖・陽春・桜花・ 桜花爛漫	桜花爛漫の季節を迎えました／春光うららかな好季節となりました／花冷えとでも申しましょうか，何だか肌寒い日が続いております
5月 (皐月)	新緑・薫風・惜春・ 晩春・立夏・若葉	風薫るさわやかな季節を迎えました／木々の緑が目にまぶしいようでございます／目に青葉，山ほととぎす，初鰹の句も思い出される季節となりました
6月 (水無月)	梅雨・向暑・初夏・ 薄暑・麦秋	初夏の風もさわやかな毎日でございます／梅雨前線が近づいてまいりました／梅雨の晴れ間にのぞく青空は，まさに夏を思わせるようです
7月 (文月)	盛夏・大暑・炎暑・ 酷暑・猛暑	梅雨が明けたとたん，うだるような暑さが続いております／長い梅雨も明け，いよいよ本格的な夏がやってまいりました／風鈴の音がわずかに涼を運んでくれているようです
8月 (葉月)	残暑・晩夏・処暑・ 秋暑	立秋とはほんとうに名ばかりの厳しい暑さの毎日です／残暑たえがたい毎日でございます／朝夕はいくらかしのぎやすくなってまいりました
9月 (長月)	初秋・新秋・爽秋・ 新涼・清涼	九月に入りましてもなお，日差しの強い毎日です／暑さもやっとおとろえはじめたようでございます／残暑も去り，ずいぶんとしのぎやすくなってまいりました
10月 (神無月)	清秋・錦秋・秋涼・ 秋冷・寒露	秋風もさわやかな過ごしやすい季節となりました／街路樹の葉も日ごとに色を増しております／紅葉の便りの聞かれるころとなりました／秋深く，日増しに冷気も加わってまいりました
11月 (霜月)	晩秋・暮秋・霜降・ 初霜・向寒	立冬を迎え，まさに冬到来を感じる寒さです／木枯らしの季節になりました／日ごとに冷気が増すようでございます／朝夕はひときわ冷え込むようになりました
12月 (師走)	寒冷・初冬・師走・ 歳晩	師走を迎え，何かと慌ただしい日々をお過ごしのことと存じます／年の瀬も押しつまり，何かとお忙しくお過ごしのことと存じます／今年も残すところわずかとなりました，お忙しい毎日とお察しいたします

シチュエーション別会話例

シチュエーション1　取引先との会話

「非常に素晴らしいお話で感心しました」→NG！

「感心する」は相手の立派な行為や，優れた技量などに心を動かされるという意味。意味としては間違いではないが，目上の人に用いると，偉そうに聞こえかねない表現。「感動しました」などに言い換えるほうが好ましい。

シチュエーション2　子どもとの会話

「お母さんは，明日はいますか？」→NG！

たとえ子どもとの会話でも，子どもの年齢によっては，ある程度の敬語を使うほうが好ましい。「明日はいらっしゃいますか」では，むずかしすぎると感じるならば，「お出かけですか」などと表現することもできる。

シチュエーション3　同僚との会話

「今，お暇ですか」→NG？

同じ立場同士なので，暇に「お」が付いた形で「お暇」ぐらいでも構わないともいえるが，「暇」というのは，するべきことも何もない時間という意味。そのため「お暇ですか」では，あまりにも直接的になってしまう。その意味では「手が空いている」→「空いていらっしゃる」→「お手透き」などに言い換えることで，やわらかく敬意も含んだ表現になる。

シチュエーション4　上司との会話

「なるほどですね」→NG！

「なるほど」とは，相手の言葉を受けて，自分も同意見であることを表すため，相手の言葉・意見を自分が評価するというニュアンスも含まれている。そのため自分が評価して述べているという偉そうな表現にもなりかねない。同じ同意ならば，頷き「おっしゃる通りです」などの言葉のほうが誤解なく伝わる。

就活スケジュールシート

■年間スケジュールシート

1月	2月	3月	4月	5月	6月
企業関連スケジュール					
自己の行動計画					

就職活動をすすめるうえで，当然重要になってくるのは，自己のスケジュール管理だ。企業の選考スケジュールを把握することも大切だが，自分のペースで進めることになる自己分析や業界・企業研究，面接試験のトレーニング等の計画を立てることも忘れてはいけない。スケジュールシートに「記入」する作業を通して，短期・長期の両方の面から就職試験を考えるきっかけにしよう。

7月	8月	9月	10月	11月	12月
企業関連スケジュール					
自己の行動計画					

●情報提供のお願い●

　就職活動研究会では，就職活動に関する情報を募集しています。

　エントリーシートやグループディスカッション，面接，筆記試験の内容等について情報をお寄せください。ご応募はメールアドレス（edit@kyodo-s.jp）へお願いいたします。お送りくださいました方々には薄謝をさしあげます。

　ご協力よろしくお願いいたします。

会社別就活ハンドブックシリーズ

りそなグループの
就活ハンドブック

編　者	就職活動研究会
発　行	令和 6 年 2 月 25 日
発行者	小貫輝雄
発行所	協同出版株式会社

〒 101－0054
東京都千代田区神田錦町2－5
電話　03－3295－1341
振替　東京00190－4－94061

印刷所　協同出版・POD 工場

落丁・乱丁はお取り替えいたします

●2025年度版●
会社別就活ハンドブックシリーズ
【全111点】

運　輸

東日本旅客鉄道の就活ハンドブック	小田急電鉄の就活ハンドブック
東海旅客鉄道の就活ハンドブック	阪急阪神 HD の就活ハンドブック
西日本旅客鉄道の就活ハンドブック	商船三井の就活ハンドブック
東京地下鉄の就活ハンドブック	日本郵船の就活ハンドブック

機　械

三菱重工業の就活ハンドブック	浜松ホトニクスの就活ハンドブック
川崎重工業の就活ハンドブック	村田製作所の就活ハンドブック
IHI の就活ハンドブック	クボタの就活ハンドブック
島津製作所の就活ハンドブック	

金　融

三菱 UFJ 銀行の就活ハンドブック	野村證券の就活ハンドブック
三菱 UFJ 信託銀行の就活ハンドブック	りそなグループの就活ハンドブック
みずほ FG の就活ハンドブック	ふくおか FG の就活ハンドブック
三井住友銀行の就活ハンドブック	日本政策投資銀行の就活ハンドブック
三井住友信託銀行の就活ハンドブック	

建設・不動産

三菱地所の就活ハンドブック	鹿島建設の就活ハンドブック
三井不動産の就活ハンドブック	大成建設の就活ハンドブック
積水ハウスの就活ハンドブック	清水建設の就活ハンドブック
大和ハウス工業の就活ハンドブック	

資源・素材

旭旭化成グループの就活ハンドブック	関西電力の就活ハンドブック
東レの就活ハンドブック	日本製鉄の就活ハンドブック
ワコールの就活ハンドブック	中部電力の就活ハンドブック

九州電力の就活ハンドブック

自動車

トヨタ自動車の就活ハンドブック

デンソーの就活ハンドブック

本田技研工業の就活ハンドブック

日産自動車の就活ハンドブック

商　社

三菱商事の就活ハンドブック

伊藤忠商事の就活ハンドブック

住友商事の就活ハンドブック

双日の就活ハンドブック

丸紅の就活ハンドブック

豊田通商の就活ハンドブック

三井物産の就活ハンドブック

情報通信・IT

NTT データの就活ハンドブック

サイバーエージェントの就活ハンドブック

NTT ドコモの就活ハンドブック

LINE ヤフーの就活ハンドブック

野村総合研究所の就活ハンドブック

SCSK の就活ハンドブック

日本電信電話の就活ハンドブック

富士ソフトの就活ハンドブック

KDDI の就活ハンドブック

日本オラクルの就活ハンドブック

ソフトバンクの就活ハンドブック

GMO インターネットグループ

楽天の就活ハンドブック

オービックの就活ハンドブック

mixi の就活ハンドブック

DTS の就活ハンドブック

グリーの就活ハンドブック

TIS の就活ハンドブック

食品・飲料

サントリー HD の就活ハンドブック

日本たばこ産業 の就活ハンドブック

味の素の就活ハンドブック

日清食品グループの就活ハンドブック

キリン HD の就活ハンドブック

山崎製パンの就活ハンドブック

アサヒグループ HD の就活ハンドブック

キユーピーの就活ハンドブック

生活用品

資生堂の就活ハンドブック

武田薬品工業の就活ハンドブック

花王の就活ハンドブック

電気機器

三菱電機の就活ハンドブック

ダイキン工業の就活ハンドブック

ソニーの就活ハンドブック

日立製作所の就活ハンドブック

ＮＥＣの就活ハンドブック

富士フイルム HD の就活ハンドブック

パナソニックの就活ハンドブック

富士通の就活ハンドブック

キヤノンの就活ハンドブック

京セラの就活ハンドブック

オムロンの就活ハンドブック

キーエンスの就活ハンドブック

保　険

東京海上日動火災保険の就活ハンドブック

第一生命ホールディングスの就活ハンドブック

三井住友海上火災保険の就活ハンドブック

損保ジャパンの就活ハンドブック

メディア

日本印刷の就活ハンドブック

博報堂 DY の就活ハンドブック

TOPPAN ホールディングスの就活ハンドブック

エイベックスの就活ハンドブック

東宝の就活ハンドブック

流通・小売

ニトリ HD の就活ハンドブック

イオンの就活ハンドブック

ZOZO の就活ハンドブック

エンタメ・レジャー

オリエンタルランドの就活ハンドブック

アシックスの就活ハンドブック

バンダイナムコ HD の就活ハンドブック

コナミグループの就活ハンドブック

スクウェア・エニックス HD の就活ハンドブック

任天堂の就活ハンドブック

カプコンの就活ハンドブック

セガサミー HD の就活ハンドブック

タカラトミーの就活ハンドブック

▼会社別就活ハンドブックシリーズにつきましては，協同出版のホームページからもご注文ができます。詳細は下記のサイトでご確認下さい。

https://kyodo-s.jp/examination_company